DIE BRATISLAVAER BURG

ANDREJ FIALA
JANA ŠULCOVÁ
PETER KRÚTKY

Das hauß ob prespurck

Die Bratislavaer Burg

ANDREJ FIALA
JANA ŠULCOVÁ
PETER KRÚTKY

Alfa-press Verlag
Bratislava

DIE BRATISLAVAER BURG

Alfa-press Verlag, Hurbanovo nám. 3
815 89 Bratislava

Umschlagentwurf von Robert Brož

Text © Andrej Fiala, Jana Šulcová, Peter Krútky, 1995
Photographien © Alfa-press Verlag, Bratislava 1995
Illustrationen © Alfa-press Verlag, Bratislava 1995

Gedruckt Kníhtlačiareň Svornosť, Račianska 20, 832 10 Bratislava

ISBN 80-88811-01-5

Inhalt

Die älteste Besiedlung des Burghügels (Andrej Fiala) 7
Die slawische Festung (Andrej Fiala) 13
Veränderungen der Bratislavaer Burg im Mittelalter (Andrej Fiala) . 21
Die bedeutendste königliche Burg Ungarns (Jana Šulcová) 55
Die Barockresidenz (Jana Šulcová) 94
Der Verfall der Burg und ihre Wiederentstehung (Andrej Fiala) . . 119
Führer durch die Burg (Andrej Fiala) 136
Das Slowakische Nationalmuseum auf der Bratislavaer Burg
(Peter Krútky) 141

Die älteste Besiedlung
des Burghügels

Das Karpathen-Alpentor. Auf ihrem langen Weg zum Schwarzen Meer kam die Donau an ein kleines Stück Ebene, zu welchem von beiden Seiten Gebirge auslaufen. Die Donau, der zweitgrösste Strom Europas wurde, noch unter dem Namen Istros, spätestens im 6. Jahrhundert unserer Zeitrechnung von den Griechen als fundamentaler Wegweiser zur Orientierung im Binnenland unseres Weltteils in ihren Landkarten vermerkt.

Das durch die Natur gebildete Tor wurde zum Korridor und auch zur Kreuzung der uralten Strassen. In diesem Durchgang trafen sich die Wege, welche einerseits an der Ostsee und am Rhein, anderseits am Adriatischen Meer und dem Balkan anfingen oder endeten. Die breite Donau mit ihrem auch bei Hochwasser festen Ufer bot Furten über die Inseln, welche eigentlich erst vor nicht zu langer Zeit verschwanden. Die Abhänge um den Strom waren seit uralten Zeiten von grösstenteils befestigten Siedlungen übersät, welche derart situiert waren, dass sie die Wege bewachten und aus deren lebhaftem Handelsverkehr Nutzen zogen.

An diesem kurzen Abschnitt der Donau verflechten sich die Überreste verschiedener Zivilisationen mit ungewöhnlicher Dichte, besetzen zu jenen Zeiten das ganze Tor, oder wenigstenst Teile davon. Archäologische Forschungen erschliessen mehr und mehr Orte von untergegangenen und auch von mehreren aufeinanderfolgenden Kulturen, vereinigt unter ihren heutigen Benennungen, sei es Petronell, Hainburg, Königswart, Rusovce auf der südlichen Seite, oder Devínska Nová Ves, Devín, Dúbravka, Bratislava auf der nördlichen Seite der Donau.

Bratislava. Eine Furt über die Donau und darüber eine Festung, später eine Burg, Siedlungen über dem Netz der zusammenlaufenden Wege, später ein Suburbium und eine Stadt, sind Zeugen der langen Entwicklung der schon seit dem Mittelalter bedeutendsten Lokalität der ganzen Siedlungsstruktur im Tore.

Die Bratislavaer Burg befindet sich am südwestlichen Ausläufer des Granitrückens der Kleinen Karpathen. Schon die historischen Wälle und auch die Einschnitte in das Terrain nicht nur im Raum der Burg, aber auch in ihrer nächsten Umgebung, erschwerten lange das Erkennen des Reliefs des sich senkenden Felsrückens und somit auch die Voraussetzungen zum Feststellen der älteren Siedlungsformen.

Vor dreissig Jahren, als die Renovierung der Bratislavaer Burg begann, erhoben sich auch in Fachkreisen skeptische Stimmen betreffs der Möglichkeit komplettere Funde über das Bild des Berghügels vor dem 15. Jahrhundert zu finden. In diesem Sinne wurden als Hauptargumente grundlegende Umbauten aus der Zeit Siegmunds von Luxemburg und spätere aus dem 17. und 18. Jahrhundert angeführt, worin sich die Bratislavaer Burg von unseren übrigen Burgen unterscheidet. Im ersten Falle ging es um die beinahe gänzliche Liquidierung des vorhergehenden Zustandes und um grosse Eingriffe in das Terrain, sogar in die Felsenunterlage, im zweiten um hohe Anhäufungen in die Bastione und um die Bildung ebener Terrassen. Zum Glück haben sich diese Prognosen nicht in vollem Masse bewährt, und die Perspektiven der Funde deuteten allmählich die Gliederung der Burg im 9., 12. und 13. Jahrhundert an. Zugleich wurde entdeckt, dass der Bergkamm, welcher unter dem Wiener Tor in die Burg eintritt, gleich hinter der Burg in den Sattel abfällt. Er erhebt sich von neuem beim Kronenturm und verzweigt sich gleichzeitig. Sein südlicher Zweig verlässt die Burg in der Richtung der Donau, wo er den festen, erhöhten Rand der Furt bildet. Der Hauptkamm erweitert sich unter dem Palais zur Terrasse und verzweigt sich von neuem östlich. Sein südlicher Ausläufer beginnt ebenfalls mit einer Terrasse und setzt seinen Weg als seichte horizontale Welle in den Raum des historischen Stadtzentrums fort. Ähnlich auch der nordöstliche Zweig. Auf diesen östlichen Kämmen wurden die frühmittelalterlichen Pfarrkirchen gegründet, auf der Burg, wie auch im Suburbium (die späteren Kirchen des heiligen Martin und Nikolaus). Das Verfolgen der ursprünglichen Gliederung der verhältnismässig seichten Bergrücken wurde durch Steinbrüche aus dem 15.

Jahrhundert, durch Einschnitte für den Burg- und Stadtgraben, durch Keller aus dem 16.–18. Jahrhundert, ja sogar durch die letzten Gestaltungen der Burghügelabhänge undeutlich gemacht.

Die erste befestigte Siedlung auf dem Burghügel enstand wahrscheinlich während des Eneolits, der späteren Steinzeit, also ungefähr um das Jahr 2500 vor unserem Zeitalter. Aus dieser Zeit stammen zahlreiche Bruchstücke von Keramik, vorwiegend in hellem Ocker, Töpfe, Schüsseln und Tassen geschmückt mit typischen geritzten Bäumchenornamenten oder kaneliert.

Unter den Konstruktionen des Palastunterbaus gelang es, den Teil eines Wohnstattinterieurs aus der hallstätter Zeit, also der älteren Eisenzeit, aufzudecken. Sein Inventar bestand aus glänzenden, mit Graphit glasierten Bruchstücken schwarzer keramischer Töpfe, Schüsselchen und auch einer Amphora aus der Nähe des Objektes.

In der jüngeren Eisenzeit, der Latènezeit, kann man schon von einer sehr intensiven Besiedlung nicht nur des Burghügels, sondern auch des weiten Terrains der Zufahrten zur Furt sprechen. Die Zeit der keltischen Zivilisation in Bratislava hinterliess sehr ausgeprägte Beweise der Besiedlung nicht nur in Gestalt von Hausbestandteilen, sondern auch von

1 Eine keltische Silbermünze

keramischen Öfen, von Formen zum Metallgiessen, von einer Münzerei mit einem, einschliesslich in der nächsten Umgebung gefundenen Schatz von über zehn Münzen von Bratislavaer Typ. Im ersten Jahrhundert vor unserem Zeitalter bildete der Burghügel die Akropolis eines bedeutenden keltischen Zentrums. Aus dieser Zeit stammt ein Teil des gemauerten doppelten Steintors, welches den unteren Abschnitt des spiralförmigen, von der Furt auf den Burghügel führenden, Weges säumt. Direkt auf der Burg wurden zwei lateinische Wohnbauten aufgedeckt, in einem davon wurden ausser verschiedener Keramik auch 32 Silbermünzen und anderswo im aufgelockerten Boden eine goldene Münze gefunden.

Unter dem Komplex der untergegangenen sakralen Gebäude aus dem 9. und 11. Jahrhundert wurde ein Teil einer in gebrochener Linie gebauten Steinmauer entdeckt, welche auf Grund stratigraphischer Feststellung römischer Bautätigkeit zugeschrieben werden konnte. Dieser Tätigkeit entstammen die am Bau der grossmährischen Basilika von neuem benutzten römischen Ziegel mit dem Stempel der 14. Legion, ein Teil einer runden Säule, ja auch das Fragment einer Steintafel mit der unvollständigen Inschrift Q...FECI.VERIAN... Die erhaltenen unteren Teile der Säulen der Basilika waren auch aus neuerdings verwendeten, bearbeiteten Quadern und aus, vorwiegend LEG XIII GAN, aber auch LEG X GEPF gestempelten Ziegeln gemauert. Die 14. Legion wirkte auch in Devín, in Bratislava im Gebiet des heutigen Primatialpalais, in Rusovce, in Stupava, aber auch in Mähren in der Umgebung von Staré Město bei Uherské Hradiště, woher ihre gestempelten Ziegel auch in die Mauern der altslawischen Kirchen des 9. Jahrhunderts gelangten.

Die Übersiedlung der 14. Legion aus der Rhein — in die Donauebene ist mit dem Ende des 1. Jahrhunderts n. Chr. bestimmt. Im Jahre 193 berief die 14. Legion in Carnuntum (bei Hainburg in Österreich) den Gouverneur Oberpannoniens, Septimus Severus, zum Kaiser, welcher die Loyalität der benachbarten barbarischen Stämme nördlich der Donau gewonnen hatte. Während der Existenz des römischen Carnuntum bewohnten es und lösten einander dort mehrere Legionen ab — die X., XIII., XV., aber auch ein Teil der Donauflotte. Ihre Einheiten führten im Verlauf ihrer ständigen Kriegszüge Bauten mit gestempelten Ziegeln aus. Da bei uns die

2 Teil eines römischen sekundär in die Fassade des Palais im 15. Jahrhundert eingesetzten Reliefs

Gegenwart der 14. Legion auf unserem Gebiet hauptsächlich in der ersten Hälfte des 3. Jahrhunderts unserer Zeitrechnung und die der 10. Legion im 1. Jahrhundert vorausgesetzt wird, sind wir der Ansicht, dass es sich am Bratislavaer Burghügel nicht um eine einmalige Bautätigkeit handelte. Die vielfältige Gestaltung der Elemente der Dachhäute deutet an, dass sie von mehreren Bauten stammten. Zu den Funden von Teilen unbekannter römischer Bauten gesellte sich zuletzt auch das Torso eines figuralen Reliefs, welches am Ende des ersten Drittels des 15. Jahrhunderts entdeckt wurde und sekundär in die Fassade des gothischen Palais eingemauert wurde. Am Torso ist eine gut erhaltene Büste mit erhobenem Arm. Der feinmodellierte Arm einer anderen, schon nicht erhaltenen Gestalt (der Göttin Victoria?) legt einen Kranz auf ein Haupt. Der sehr anspruchsvolle künstlerische Ausdruck des Reliefs verrät einen Autor mit guten Kenntnissen der anatomischen Eigenschaften und figuralen Proportionen. Die dargestellte Handlung ihrerseits deutet auf eine höhere gesellschaftliche Funktion des Burghügels, als vorausgesetzt war, nämlich, dass es sich um eine kleinere Militärstation handelte. Über den ursprünglichen Unterbringungsort des Reliefs, aber auch über seine zeitliche Einreihung, kann es vorläufig nur Vermutungen geben. Vielleicht ist es kein Zufall, dass das Relief im 15. Jahrhundert nur 30 Kilometer vom römischen Objekt, welches an der Stelle der späteren grossmährischen Basilika stand, angebracht war. Es erhob sich über der Zufahrt, über welche man vom Eingang der Festungslokalität zu ihrer oberen Terrasse sicher schon seit dem 9. bis zum 17. Jahrhundert aufstieg. Es drängt sich auch die Hypothese einer möglichen Existenz eines grösseren Militärobjektes auf, welches beim Aushöhlen des über 20 Meter breiten Grabens rings um das Palais gänzlich untergehen konnte.

Die slawische Festung

Auch die slawischen Stämme, welche sich ungefähr vom 5. Jahrhundert an dauernd im Raume des Karpathen-Alpentores ansiedelten, waren sich bestimmt zuerst der strategischen, aber nach kurzer Zeit auch der Handelsbedeutung des Tores bewusst. Zuerst besetzten sie die Lokalitäten, wo noch deutlich die Überreste älterer, vor allem keltischer und römischer Wohnstätten und Befestigungen Spuren hinterlassen hatten. Sie versahen beide Mündungen des Tores mit Systemen zum Grossteil befestigter Siedlungen. Nachrichten über die Kriegsereignisse dieser Zeit haben uns die Namen beider Systeme hinterlassen — Dowina (Devín) und Brezalauspurch (Bratislava). An ihrer Kreuzung beförderte man Waren, unter anderem auch Salz und zwar auf die Märkte von Mähren.

Die Kontrolle der Furt wurde auch weiterhin von dem Bratislavaer Burghügel aus durchgeführt, wo sich ungefähr seit der ersten Hälfte des 9. Jahrhunderts ein gut befestigtes Zentrum mit Wohnstätten, einer grossen Kirche, einem Friedhof und wahrscheinlich auch mit Arbeitsstätten, bildete.

Ein Festungswerk aus Holz und Erde begrenzte den ovalen Grundriss von über 300 mal 200 Meter so, dass auf der westlichen Seite wahrscheinlich der grössere Abhang des Terrainbruches in der Richtung zum Sattel des seichten Bergrückens ausgenützt wurde. Der Aufbau des Walles um die Festung war nicht überall der gleiche. An der Ostseite war mit Hilfe von Eichenbalken eine Blockkonstruktion geschaffen, deren Kammern mit Erde gefüllt waren. An der Westseite hatte der Wall eine hölzerne, mit gebranntem Lehm und grossen Steinen gefestigte Rostkonstruktion. Während die vordere einheitliche Wand des Walls meistens aus Rundholz bestand, erschien an der südöstlichen Seite eine schiefe trocken gemauerte

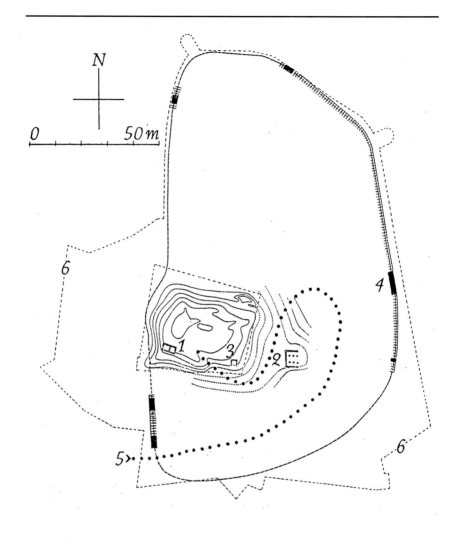

3 Die slawische Festung im 9. Jahrhundert: 1 − der gemauerte Palast, 2 − die Basilika, 3 − ein untermauertes Wohnhaus aus Holz, 4 − bestimmte Teile der Wallbefestigung, 5 − der wahrscheinliche Eintritt in die Festung, 6 − die Umgrenzung der Festung im 9. Jahrhundert

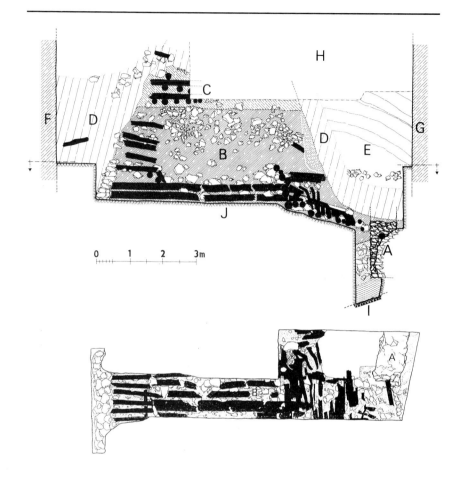

4 Der Erd- und Holzwall der Bratislavaer Burg in der Situation der südwestlichen Bastion. Schnitt und Grundriss: A – römisches Gemäuer, B – der grossmährische Wall aus dem 9. Jahrhundert, C – die Gestaltung der Krone des Walls aus dem 12. Jahrhundert, D – Destruktionsschichten, E – Aufschüttungen vom Umbau des Palais im 17. Jahrhundert, F – das Gemäuer der Bastion aus dem Jahre 1674, G – Gemäuer des Zeughauses aus dem 16. Jahrhundert, H – Raum der neueren Baueingriffe, J – der untere Rand der Sonde

Steinwand. Überall war die Rückwand des Walls mit Spreizen gefestigt und gesteift, an der Stelle der steinernen Stirnwand lehnte sich der Wall noch an älteres steinernes Gemäuer. In diesem noch nicht ganz erforschten Raum (die südwestliche Bastion der Burg) wird der Eingang zur Festung vorausgesetzt.

In Anbetracht der späteren intensiven Bautätigkeit blieben die Reste der Wohnstätten auf der Akropolis meistens im Zustand von Torsos erhalten. Von ihr zeugen am häufigsten mit gelbem Sand bestrichene Böden oder eine Lage durchgebrannter Erde mit verbrannten Holzbalken nebst Bruchstücken keramischer Gefässe. Am besten erhalten war das beinahe Dreiviertel einer Wohnstätte mit einer Feuerstelle in der Ecke, wo die steinerne Untermauerung einer nicht mehr erhaltenen Holzkonstruktion einen Fussboden aus gelbem Sand umgrenzte. Mauerwerk aus Steinbruchstücken hatte eine Höhe von mehr als einem halben Meter und war mit Lehm verbunden.

Auf gleiche Weise war auch das grösste architektonische Werk der Festung, die Kirche in Form einer Basilika, gebaut. Ihre Placierung auf der unteren Terrasse unter der Akropolis war nicht zufällig. Sie erhob sich mit der Ostseite über den inneren Weg der Festung, vom Tor in der Richtung der Akropolis, und war gleichzeitig aus dem Osten von den Zufahrtswegen zur Furt von weitem gut sichtbar.

Den Grundriss der Kirche, welche wir als Import aus der adriatischen Region betrachten können, konnten sie auf der Bratislavaer Burg nicht im rechtwinkeligen System aufstellen. Dies hing augenscheinlich mit den geringen Erfahrungen der Erbauer zusammen, welche nur die Technik des Untermauerns mit Lehm beherrschten. Bei dem Bau halfen sie sich mit dem Material des römischen Baues aus. Aus den bearbeiteten Quadern bauten sie ganze Säulen des dreiteiligen Schiffes und für die Aussenwände benutzten sie weitere Steine und Ziegel. Charakteristisch für die Aussenansicht der Kirche waren die niedrigen Dächer, für welche sie Dachhäute von mehreren römischen Bauten verwendeten.

An der westlichen Seite der Kirche kann man die erhaltenen unteren Teile der Pilaster als die Reste von hervorstehenden blinden Bogenkonstruktionen betrachten, wie sie für das Bild altchristlicher Kirchen in

Norditalien und Dalmatien charakteristisch sind. Unsere Vorstellung von der Gliederung des Kirchengebäudes an der östlichen Seite wurde durch den Steinbruch, der im 15. Jahrhundert den Verlust der steinernen Untermauerung und auch der Dokumente über den östlichen Abschluss des Gebäudes nach sich zog, unklar gemacht. Im Verlauf der Bauarbeiten

5 Die unteren Konstruktionen der Gemäuer der grossmährischen Kirche, des Turmes des unbeendeten Befestigungsbaus und der Kirche des Allerheiligsten Erlösers aus dem 11. Jahrhundert

trat wahrscheinlich eine neue Gruppe von Handwerker an, diese füllte die Ritzen der Mauern mit Kalkmörtel aus, in die Mörtellager setzte sie Holzdecken ein, verputzte das Gebäude und strich es weiss an. Die entdeckten Fragmente des Verputzes der ebenen Flächen, aber auch der Ecken deuten darauf hin, dass das Interieur farbig ausgemalt war. Die unteren Flächen der Wände blieben weiss und wurden im Laufe ihrer Benutzung von Kratzern und Ritzen, auch durch Zirkel, gezeichnet. Die schiefe Spalette, augenscheinlich aus dem Eingang stammend, musste nachträglich, einschliesslich der betonten roten Farbe der Ecken, ausgebessert werden. Rot gemalt waren auch die Kanten der Fensterspaletten, die Ecken des Raumes und der Säulen. Mit Ocker auf weissem Grund malten sie konzentrische Kreise mit kleinen Perlen, was andeuten könnte, dass das Interieur wahrscheinlich durch Ornamentstreifen gegliedert war. Abgerundete Fragmente des Verputzes mit so einem Kreisornament stammen wohl von einer kleinen Nische. Das Hauptgemälde stellte unbekannte Szenen, mit hauptsächlich in Ocker gehaltenen Pflanzenkompositionen von Zweigen, an manchen Stellen ergänzt mit Eichenlaub und vierblätterigen Blumen mit lichtvioletter Mitte, dar. Aus dem unteren Teil stammen wahrscheinlich Blätter, die sich wie Farne verranken. Die Hauptmotive der Komposition bildeten die mit der Vegetation verschlungenen figuralen Teile des Bildes. Die Farben sind mit Absicht gegenseitig lasuriert. Auf einem Fragment des Verputzes hat sich ein Teil eines braunen Armes und Vorarmes, auf einem anderen ein Teil eines sehr hellblauen Heiligenscheins mit einem kahlen Hinterkopf erhalten. Während die erste Figur nur etwas mehr als zehn Zentimeter misst, war die zweite über einen halben Meter gross. Die breitesten Streifen sind dunkelgrau auf weissem Grund und können für die Einfassungen der Bilddarstellungen gehalten werden. Die malerische Ausstattung der Basilika auf der Bratislavaer Burg zeigt eine gleiche Farbenskala wie sie die Interieure der altslawischen Kirchen in Mähren und auf der Festung Devín hatten.

Durch spätere Eingriffe in das Terrain wurde der um die Kirche angelegte Friedhof an seinen Rändern vernichtet und, noch mehr, die älteren Gräber wurden durch das Beerdigen um die, an derselben Stelle errichtete, spätere Kirche verletzt. Trotzdem der vorwiegende Teil der

Toten ohne beigelegtes Material begraben wurde, entdeckte man doch in einigen Gräbern hohle bronzene vergoldete Knöpfe mit geometrischen Ornamenten, einen silbernen granulierten Knopf, silberne rosinen- und auch kreisförmige Ohrringe ähnlich den Funden der Begräbnisstätten in Mikulčice, Staré Město na Morave, aber auch in Nitra und in der Umgebung von Bratislava.

Nach Beendung des Baus der Kirche baute scheinbar dieselbe Gruppe auf der Akropolis ein kleineres Palais von zwei Räumen. Trotzdem der grösste Teil seines Grundrisses später von dem Grund des im Jahre 1245 gebauten Turmes ausgefüllt war, enthält die noch erhaltene Konstruktion eine Ecke, den Eingang und einen Teil des nördlichen Gemäuers mit einer inneren Querwand. Auch für dieses Gebäude wurden ausser Steinbruchstücken auch bearbeitete Quader, gemauert mit Hilfe von Kalk als Bindemittel, benutzt.

Die Anordnung der Wohnhäuser auf der Terrasse der Akropolis lässt sich schon nicht rekonstruieren, weil hier später noch vier jüngere Bautätigkeiten einander ablösten. Beinahe dasselbe Zeugnis bietet der mässige nördliche Abhang der Festung. Von dort stammt der unikate Fund einer Harzplatte, welche als Unterlage zum Schmieden einer kreisrunden Plakette mit dem Relief eines Reiters und einer unter ihm liegenden Gestalt diente. Das sehr zerstörte Terrain erbrachte vorläufig keine Beweise für die verausgesetzte konzentrierte handwerkliche Tätigkeit gerade in dieser Lokalität. Wahrscheinlich gab es auch Töpferwerkstätten, aus denen ein Teil der verschiedenen, hauptsächlich mit mehrfachen Wellenlinien geschmückten Keramik stammen kann.

Die Anfänge der slawischen Festung können in die erste Hälfte des 9. Jahrhunderts fallen. Zur Zeit des Grossmährischen Reiches kann man sie für das administrative und kirchliche Zentrum eines breiteren Territoriums halten. Darauf deutet nicht nur die Grösse der Kirche, aber auch die Ausdehnung der Festung, die beinahe die gleiche Fläche einnimmt wie die Festung in Mikulčice, hin. Nach den Salzburger Annalen (aus der Mitte des 12. Jahrhunderts) besiegten im Jahre 907 die ungarischen Scharen das bayrische Heer unter Brezalauspurc. Schon vorher ging wahrscheinlich die Funktion der Festung im Rahmen der Verwaltungsstruktur des Grossmährischen Reiches unter. Brezalauspurc kann als Braslavs Burg übersetzt werden. Nach der Bedeutung der Ableitung des Namens schliesst man, dass Braslav ein militärischer Funktionär höheren Ranges war. In den deutsch geschriebenen Aufzeichnungen änderte sich der Name weiter in Brezezburg (im Jahre 1042), Breisburg (im Jahre 1052), eventuell Breziburg oder Brezzizburch, dann Bresburg (im Jahre 1108), woher dann der bis heute benutzte deutsche Name Pressburg stammt. Aventinus gibt im 16. Jahrhundert auf Grund heute schon alter unbekannter Quellen an, dass Vratislav im Jahre 805 die Burg von Bratislava reparierte und ihr den Namen Wratisslaburgium gab. Im 11. Jahrhundert liess der ungarische König Münzen mit der Aufschrift Reslava CIV prägen, was die Übernahme und Abänderung der alten Benennung anzeigt. Im 12. Jahrhundert wird beim Jahre 1052 Preslawaspurch vermerkt. In demselben Jahrhundert aber erscheint auch ein anderer Name — ,,castrum Bosan, quod est Bresburg", irgendwo auch Bassan oder Possen oder Bosonium und in weiteren zwei Jahrhundert Poson, Posonium, was vom Namen Božan abgeleitet werden kann. Augenscheinlich entstand aus solchen Benennungen die ungarische Version des Namens Pozsony.

Den Namen Bratislava begann man noch in der 1. Hälfte des 19. Jahrhunderts zu benützen. Der Bewegung der Anhänger von Ľudovít Štúr ist es zu verdanken, dass der Name Bratislava schon zu jener Zeit allgemein akzeptiert und eingeführt wurde.

Veränderungen der Bratislavaer Burg im Mittelalter

Wir wissen nicht, um wieviel die Burgbasilika den Zerfall des Grossmährischen Reiches überlebte. Vielleicht zerfiel sie von selbst infolge ihrer schwachen Konstruktion, oder ereilte sie das Schicksal — die Liquidierung der slawischen sakralen Gebäude in der ersten Hälfte des 10. Jahrhunderts. Noch in demselben Jahrhundert lehnte sich an ihre zerstörte südliche Mauer der Neubau der steinernen Befestigung mit seinem eingezogenen Blockturm. Er bildete nur einen kleinen Teil der Schanze, welche wahrscheinlich die Akropolis umgeben sollte, die Absicht wurde aber nicht ausgeführt.

Unter der Regierung des ersten ungarischen Königs Stefan I. (1000—1038) war die Bratislavaer Burg nicht nur eine der Burgen im Netz der Gaue, in welches auch Komárno und Nitra gehörten, sondern wurde auch zur Grenzfestung des jungen ungarischen Staates. Schon im Jahre 1030 musste sie sich gegen die vereinigten Heere des deutschen Königs Konrad und des tschechischen Fürsten Břetislav verteidigen und wurde nach dem Tode Stefans I. auch nicht von den Kämpfen um den ungarischen Tron verschont. Der deutsche Kaiser Heinrich III. besetzte im Jahre 1042 vorübergehend einen Teil Ungarns und unter den Burgen auch Bratislava. Heinrichs Heer zog 10 Jahre später wieder unter die Burg, aber seine zweimonatige Belagerung blieb ohne Erfolg. Die Kämpfe um die Burg hinterliessen wahrscheinlich grössere Schäden, die Burg wurde möglicherweise später auch vernachlässigt, so dass König Salamon (1063—1074), welcher hier vorübergehend residierte, sie in den Jahren 1073—1074 reparieren liess.

Das Hauptgewicht der Reparaturen betraf sicher die Befestigungen, also den alten slawischen Wall. Es zeigte sich, dass vor allem der westliche

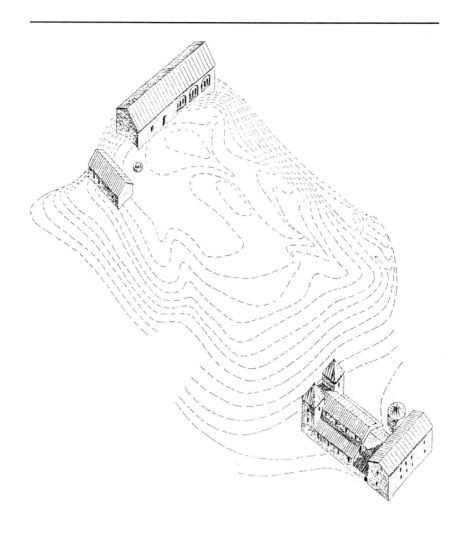

auf dem Kammanstieg befindliche Teil des Walls damals erhöht, aber auch beinahe auf das Doppelte erweitert wurde. Als Baumaterial wurde alles, was auf der Burg schon überflüssig war, verwendet. So gelangte in die neue

6   Die Akropolis der Bratislavaer Burg im 12. Jahrhundert (Rekonstruktionsversuch)

Konstruktion des Walls auch das Baumaterial der Basilika-Teile mit dem bemalten Putz zusammen mit den Ziegeln der 14. und 10. römischen Legion, den Dachhäuten und der Keramik aus dem 9.–11. Jahrhundert.

Die Asanierung der Lokalität der Ruine der Basilika neben den unfertigen Befestigungen war gleichzeitig mit den Vorbereitungen eines Bauplatzes für die neue Kirche verbunden. Der Bau eines grösseren Kirchenkomplexes knüpfte an die erhaltenen Mauern und Pfeiler der alten Kirche, aber auch an einen Teil der Befestigungen, an. Den Kern des Neubaues bildete die Kirche des Allerheiligsten Erlösers mit drei Schiffen, mit einer einzigen grossen rechteckigen Sakristei. Die Mensa ruhte auf selbständigen steinernen Beinen und war vor der Ostwand abgeneigt. Ein hochstehender Gast konnte den Gottesdienst aus einer Nische im Gemäuer

7 Im Vordergund der Herzog Ladislav und König Šalamún unter der Bratislavaer Burg. Miniature in der Initiale A aus der Wiener Bildchronik (1358)

ganz aus der Nähe verfolgen. Aus der Sakristei führte ein Korridor in den anliegenden prismenförmigen Bau, welcher sowohl im Erdgeschoss, als auch auf der Etage immer nur einen grossen und einen kleinen Raum und eine enge Stiege hatte.

Selbständig wurde ein rundes Ossarium am Friedhof, wo weiterhin Beerdigungen meistens ohne Almosen stattfanden, gebaut. Nur manche Toten hatten Schmuckstücke auf sich (Silberringe, Ohrgehänge und Halsketten aus bunten Perlen). In den Gräbern fanden sich ausser Münzen der Könige Belo I. und II. auch Münzen des Königs Koloman (1095–1114). Eben seine Dekrete aus der Zeit um das Jahr 1100 erklären eine der Funktionen des Kirchenkomplexes, nämlich die Aufsicht über die Ausführung der Gottesgerichte. Die Aufsicht führte der Vorsitzende des Kirchenkollegiums mit seinen Kanonikern aus dem vereinigten Kapitel, welchem die Burgpfarre angehörte. Das Kapitel leitete in der Burg eine Schule, sicher in der Kirche anliegenden Räumen.

An gewisse Kontakte des Kapitels mit dem Ausland weist vielleicht eine Münze des Grafen Otto (1119) aus der holländischen Grafschaft Zütphen, welche in einem Teil des erhaltenen Interieurs des Gebäudes aufgefunden wurde, hin.

Dem neuen kirchlichen Zentrum war die Lage der Burg an der Grenze nicht von Nutzen. Vor allem waren es die inneren Kämpfe um die ungarische Krone, die Einfälle von Militär ins Land hervorzurufen schienen. Als unter Koloman (im Jahre 1108) der deutsche Kaiser Heinrich V. und der tschechische Fürst Svätopluk nach Ungarn eindrangen, erwehrte sich die Bratislavaer Burg glücklicherweise gegen ihre Heere. Wahrscheinlich war sie gut befestigt, denn auch später, im Jahre 1146, mussten die vereinigten sächsischen und bayrischen Heere zu einer List greifen, um die Burg zu besetzen. Der ungarische König Géza II. (1141–1161) war gezwungen, die Burg von ihnen loszukaufen. Sein Sohn Stefan III. (1162–1172) hielt dann die Bratislavaer Burg und ihre Umgebung als Ausgangspunkt zur Verteidigung seiner Rechte auf die ungarische Krone.

Belo III. (1173–1196) entschied sich schon für Ostrihom und baute es als dauernde königliche Residenz aus. Durch diplomatische Bündnisse verband er Ungarn mit dem Westen Europas, vor allem mit Frankreich, woher dann höhere Bildung nicht nur zum Königshof, aber auch in das erweiterte Netz der Klöster drang. Belo III., der zu den reichsten europäischen Herrschern gehörte, stimmte dem Aufruf des Papstes zur Teilnahme Ungarns an der dritten internationalen Kreuzfahrt ins Heilige Land bei. Die Vorbereitungen zur Expedition gehen aus seiner Korrespondenz mit dem englischen König Heinrich II. aus dem Jahre 1188 hervor. Im Mai des folgenden Jahres verliess der Kaiser Friedrich I. Barbarossa (1152 – 1190) Regensburg und brachte sein Heer an die ungarische Grenze unter die Bratislavaer Burg. Dort versammelten sich die Heere, wurden die Regeln der Expedition aufgestellt und der Kaiser empfing hier die ungarischen Vertreter. Gleichzeitig schlossen sich hier die Kreuzfahrer aus Ungarn an, unter denen der Bischof von Győr erwähnt wird. Auf den weiten Weg nach Palästina begab sich die Expedition erst nach den Pfingstfeiertagen. Nur ein kleiner Teil des Haupttrupps, die Deutschen, fuhr auf der Donau, der Grossteil des Heeres bewegte sich zu beiden Seiten der Donau. Zur Erleichterung ihrer Reise liess der König mehrere Flüsse, sowie auch Sümpfe, überbrücken. Grosse Zeremonien gelegentlich des Empfanges des Kaiser in Ostrihom, die Verlobung seines zweiten Sohnes mit der Tochter von Belo III., aber auch die Beschreibung der Geschenke, der Ausrüstung und des weiteren Weges der Expedition stellen in den schriftlichen Erwähnungen die erstlichen Ereignisse auf der Bratislavaer Burg in den Hintergrund.

Vor allem haben wir keine Erwähnung über den Zustand der Burg, wo zu jener Zeit ein ebenerdiges Palais mit zwei Räumen entsteht. Es wurde auf der weltlichen Akropolis so erbaut, dass es sich mit der Rückseite beinahe an die Befestigung des Walls lehnte und sein grosser Saal mit den breiten miteinander verbundenen Fenstern sich an der Ostseite auf den Hofraum öffnete. In dem Hofraum war eine kleine Zisterne und auf der Südseite stand noch ein kleines Haus aus dem 9. Jahrhundert. Aus den erhaltenen, später des öfteren unterbrochenen, Konstruktionen des neuen Palais kann man erkennen, dass die Wände der Steinmauern verputzt waren und die Zimmer Fussböden aus Ziegeln hatten. Die grossen verbundenen Fenster reihen das Gebäude als bescheidene Verwandte zu

den Palästen gefalzten Typs ein, wie sie in Deutschland in den letzten zwei Jahrzehnten der Regierung Friedrich Barbarossas gebaut wurden. Da der Bau des am östlichsten gelegenen unter den stockhohen Palästen im Jahre 1179 in Cheb beendet wurde, ist es nicht ausgeschlossen, dass das Bratislavaer Palais, um mehr als die Hälfte kleiner und ausserdem ebenerdig, nach jenem Datum erbaut wurde.

Die gute Ausstattung der Bratislavaer Burg und auch die Lage des an der Grenze befindlichen Ungarischen Tors (Porta Hungariae) war wahrscheinlich entscheidend bei der Wahl eines Ortes für ein Familienfest.

8 Der deutsche Kaiser Heinrich III. während der Belagerung der Bratislavaer Burg (im Jahre 1052). Einer der Verteidiger der Burg bohrt die in der Donau verankerten Schiffe an. Miniature in der Initiale E der Wiener Bildchronik (1358)

König Ondrej II. (1205-1235) verlobte hier seine Tochter Elisabeth mit dem thüringer Grafen Ludwig IV. Die Königin bereitete eine reiche Mitgift vor, unter anderem auch goldene und silberne Gefässe, Ringe, Armbänder, auch eine seidene Aussteuer und darüber hinaus 1000 Mark Silber. Die vierjährige Elisabeth bekam auch eine silberne Badewanne und wurde nach den Zeremonien auf die Wartburg gefahren. Dort heiratete sie im Jahre 1221, verwitwete aber bald darauf und musste die Burg verlassen. Ihr kurzes frommes und asketisches Leben füllte sie mit charitativer Arbeit unter den Armen und Kranken aus und wurde deshalb im Jahre 1235 heilig gesprochen. Auf der Wartburg existiert noch heute, wenn auch teilweise verändert, das Zimmer, in dem Elisabeth wohnte, auf der Bratislavaer Burg verlor kurz nach ihrer Abreise die weltliche, sowohl als auch die kirchliche, Akropolis gänzlich ihr bisheriges Bild.

Auf das Bratislavaer Burgkapitel, in seine Schule, aber vor allem zum Gottesdienst in der Kirche kamen nicht nur Besucher aus der weiten Umgebung, sondern auch der Vorstand des kirchlichen Kollegiums und seine Kanoniker, welche im Suburbium wohnten. Dadurch „verminderten sie die Sicherheit der Burg". So wenigstens lautet die Behauptung des Gauvorstehers der Burg, auf deren Grund noch der König Imrich (1194-1204) im Jahre 1204 vom Papste Innozenz III. die Zustimmung erbat, das Kirchenkollegium in das Suburbium zu verlegen. Die bejahende Antwort betraf nicht, wie es scheint, das Kirchengebäude, um dessen Übersiedlung der Vorstand des Kollegiums selbst den Papst später (im Jahre 1221) ersuchte. Auf diese Weise wurde die Tätigkeit der kirchlichen Institution auf der Bratislavaer Burg praktisch beendet und ihre Bauten gingen zusammen mit dem Friedhof unter.

Zur gleichen Zeit bildete sich im entfernten Asien schon eine Macht, die für lange Zeit das Leben in Osteuropa bestimmte und in das weitere Schicksal der Bratislavaer Burg eingriff. Der König Belo IV. (1235-1270) bekam am Ende des Jahres 1240 einen Drohbrief des Tatarenchans Güjük und gleichzeitig erhielt er Nachricht davon, wie dessen Heer Kyjev bis auf den Grund vernichtet hatte. Die Uneinigkeit innerhalb des Landes und das Unterschätzen des Feindes hatten zur Folge, dass im nächsten Jahr in der Schlacht am Fluss Slaná das Heer Belos IV. besiegt wurde. Die gut ausgebildete Reiterei der Tataren und ihre, mit bis dahin unbekannten Wurfmaschinen versehen, Einheiten begaben sich auf den Marsch, um die Städte und alles, was sich ihnen entgegenstellte, zu vernichten. Brennen, Morden und Zerstören waren so grenzenlos, dass es mehrere Chronikschreiber mit Entsetzen schildern. Gleichzeitig vermerkten sie, dass nur wenige Burgen sich erwehrt hatten, darunter auch die Burg von Bratislava, trotzdem damals beinahe ihre ganze Umgebung menschenleer geworden war.

Nach dem plötzlichen Abzug der Tataren unterstützte Belo IV. den Adel beim Bauen von Festungen. Aus seinem Brief aus dem Jahre 1245 erfahren wir, dass die Jobbagioni der Bratislavaer Burg Leko und Peter, beide mit ihren Brüdern, zur Verteidigung des Königreiches aus eigenen Mitteln einen Turm bauten und versprachen, ihn mit ihren Familien in Krieg und Frieden zu schützen. Dafür schenkte ihnen der König die heutige Ortschaft Čierna Voda im Bezirk Galanta.

Auf Grund des zu drei Vierteln erhaltenen Umfangs des Turmes schliessen wir, dass es sich um einen grossen Wohnturm handelte, dessen Masse andere ähnliche Türme erheblich übertrafen. Er nahm die höchste Stelle des Burghügels ein und lehnte sich mit seinem Grundbau an die unteren Teile beider älteren Paläste, deren Material er, einschliesslich der bearbeiteten Steine, ausnützte. Das ursprünglich wahrscheinlich dreistökkige Gebäude gliederten im Interieur Holzkonstruktionen, durch welche Wasser vom Dach in die alte Zisterne, die jetzt zu dem Interieur gehörte, abgeleitet wurde. Die Aussenmauern des Turmes waren von jeder Seite durch Stützpfeiler gesichert und zwischen zwei Pfeiler der Ostseite war eine gemauerte Verkleidung für das Stiegenhaus eingebaut.

Das Bauen von Burgen gehörte zu Politik Belos IV., welcher längs des Donaustromes den Bau neuer, oder die Erneuerung älterer Burgen unterstützte, um so die meisten bedeutenderen Zentren des Staates auf dem rechten Ufer des Flusses zu schützen. Darin sah er gleichzeitig auch die erhöhte Sicherheit der europäischen Staaten gegen eventuelle neue asiatische Raubzüge. Nach dem Bau des Turmes auf der Bratislavaer Burg baut man (in den Jahren 1251–1265) einen Turm und ein Befestigungswerk an der Donau bei Visegrad, dann den Wasserturm in Bratislava

(1254), die Schanzen von Budín werden zum ersten Mal im Jahre 1255 erwähnt, und dann in den siebziger Jahren wird Komárno befestigt und vor dem Jahre 1288 noch Devín.

So wie das frühere Palais, berührte auch der grosse Turm an der Westseite beinahe den aus Holz und Erde bestehenden Wall des Befestigungswerks, welches aber in der zweiten Hälfte des 13. Jahrhunderts schon veraltet und wenig effektiv war. Zum Erhöhen der Verteidi-

9 Die Akropolis der Bratislavaer Burg in der 2. Hälfte des 13. Jahrhunderts (Rekonstruktionsversuch)

gung wurden in den Wall viereckige Türme eingebaut. Die Entfernungen zwischen den Überresten dreier solcher Türme beweisen, dass ihre Abstände ungefähr je 90 Meter betrugen, so dass um den ganzen Umfang der Burg wahrscheinlich sieben Türme standen. Den höchsten, fünfstöckigen Turm placierten sie knapp vor den Wohnturm, in schützender Stellung. Der wurde gleichzeitig zum Eckturm der neuen gemauerten Befestigung um die Akropolis. Auf den Söller der heute schon nicht existierenden Befestigung trat man aus dem Turm durch Steinportale, deren Einfassungen, so wie auch die Einfassungen der engen Spalte der Schießscharten, eine Gruppe von wenigstens sieben Steinmetzen gemeisselt hatte. Ihre grossen Zeichen unterbrachten sie auf den gewölbten Flächen der brotlaibförmigen Eckquader. Mit seiner Quadrierung, mit der Form der Schießscharten, aber auch mit seinem ganzen Aussehen ähnelt der Turm einem niederdeutschen Bergfried, so dass man, mangels schriftlicher Dokumente, nur vermuten kann, dass der Turm während des Wirkens der Johanniterritter auf der Burg zur Zeit der Bautätigkeit des Gauvorstehers Roland (1248—1259) errichtet wurde.

Die Veränderungen schufen ein ganz anderes Bild der Burg. Schon von der Ferne kamen die weissen Türme der äusseren Befestigung zur Geltung, über ihnen die volle Schanze der Akropolis, überragt vom grossen Wohnturm.

Nach Beendung der Bauaktivität dauerte das ruhige Leben auf der Burg nur knappe Zeit und wurde von einem langen Zeitabschnitt der Unruhen abgelöst. Im Jahre 1271 brach der tschechische König Přemysl Otakar II. in die Westslowakei ein. Noch im selben Jahr schloss der ungarische König Stefan V. (1270—1272) auf der Insel gegenüber der Bratislavaer Burg mit ihm ein Friedensabkommen, war aber gezwungen, die Burg zum Pfand zu geben. Otakar betraute den Ritter Egid mit der Verwaltung der Burg, dieser aber widersetzte sich ihm, und so wiederholte sich zwei Jahre später die Belagerung. Die Burgbesatzung kapitulierte vor dem grossen Heer, welches Wurfmaschinen besass, aber Otakar musste wegen der Wendung der politischen Verhältnisse nach Böhmen zurückkehren.

Als Mikuláš von Kysak sich dem König zu widersetzten vorbereitete,

10 Der Kronenturm aus der 2. Hälfte des 13. Jahrhunderts, ursprünglich Eckturm der Befestigung um den Wohnturm, seit dem 15. Jahrhundert bildete er einen Teil des neuen Palais

wählte er die Bratislavaer Burg, wegen ihrer Lage an der Grenze und somit der grösseren Hoffnung auf Hilfe aus dem Ausland, zu seiner basalen Burg. Deshalb besetzte er im Jahre 1286 die Burg mit Gewalt, konnte sich aber dort nicht halten. Nach einem Jahr war die Bratislavaer, sowie auch die Burg Plasenstein in Händen des österreichischen Herzogs Albrecht, welcher dem Geschlecht Kysak geneigt war. Gegen Albrecht schritt Matúš Čák, der schon als Kommandant einer der vier Truppen, welche auf dem unweiten Marchfeld noch im Jahre 1287 die Heere Otakars II. besiegt hatten, mit militärischem Erfolg ein. Jetzt, im Jahre 1291, errang Čák weitere Verdienste. Er wurde Bratislavaer, später Trenčíner Gauvorsteher, doch-was der Zufall will, – wurde er 20 Jahre später in Bratislava von der Synode der ungarischen Prälaten exkommuniziert.

Die Österreicher brachen noch einmal in den Bratislavaer Gau ein. Im Jahre 1302 plünderte Herzog Rudolf Bratislava, weil es Gebiet der Herrn von Kysak war, von neuem aus. Erst im Jahre 1312 befreiten die Heere des Königs Karl Robert (1308–1342) Bratislava und seine Umgebung von der österreichischen Besetzung, aber erst im Jahre 1322 wurde der Gau der Krone für die Dauer wiedergegeben.

Die ständigen Kriegszüge seit den siebziger Jahren des 13. Jahrhunderts brachten Bratislava noch grössere Schäden als der nicht so weit zurückliegende Einfall der Tataren. Deshalb erteilte Ondrej III. (1290–1301), aus eigenem Interesse um das Aufblühen der wichtigen Grenzstadt, im Jahre 1291 dem Suburbium das Stadtprivileg. Ein grosser Teil des früheren Suburbiums machte sich von den Gauvorstehern der Burg selbständig und wurde nun von dem Stadtrat und dem Bürgermeister verwaltet und begann auch selbständig von den verschiedenen, hauptsächlich den Handelsprivilegien, Nutzen zu ziehen. Handelsreisen über Land, aber hauptsächlich zu Schiff auf der Donau, brachten auch schon bisher Nutzen, und so ordnete das Privilegium de iure einen Zustand, der durch die vorhergehende Entwicklung entstanden war. Eine wichtige Ergänzung bildete das Umladerecht, erteilt im Jahre 1297, wonach die Fremden verpflichtet waren, ihre Waren auf die Schiffe der Bratislavaer umzuladen, während die Einwohner von Bratislava ihre Ware frei nach Österreich befördern durften.

Nachdem die Grenzen der Stadt gezogen waren, blieb nur ein Teil des gewesenen Suburbiums auf dem östlichen und südlichen Bergabhang auch weiterhin unter der Verwaltung der Burg. Am Ende des 13. oder am Anfang des 14. Jahrhunderts war auch das Suburbium befestigt. Während es vom Westen und Osten durch die Befestigungen der Burg, der Mautstation (des Wasserturms) und der Neustadt beschützt war, hatte es von der Nordseite seine eigene Schanze. Diese bildete eine Steinmauer, die von einem Turm der Burg bis zum Eckturm der Stadtbefestigung führte.

Als die Schanzen der Stadt Bratislava den ursprünglichen spiralförmigen Weg, welcher vom Wasserturm an der Donau um die Pfarrkirche und das Kloster zur Burg führte, durchschnitten, entstand am Rande des Stadtgrabens eine neuer Weg durch den übrigen Teil des Suburbiums. Er verlief unter einer Erhöhung, auf welcher seit dem 11. Jahrhundert ein kleiner, runder Sakralbau stand, und später wurde an ihrer Berührungsstelle (vor dem Jahre 1354) die Nikolauskirche erbaut, welche nach ihrem grundlegenden Umbau im 17. Jahrhundert, noch heute dort steht.

Während der Regierung der Dynastie Anjou (1308–1382) einigte sich das innerlich zerrüttete Königreich, wodurch die Stellung Ungarns in Europa gefestigt und im Land die westeuropäische Kultur heimisch wurde. Im Jahre 1358 wurde in Székesfehérvár die Bildchronik (später Wiener Chronik genannt) zusammengestellt, worin unter beinahe 150 Miniaturen und Initialen zwei die Bratislavaer Burg darstellen. Erst nach der Erforschung der Burgakropole konnte man den Darstellungen einen gewissen Grad Realität zugestehen. Auf einem der Bilder überragt ein hoher Turm die Befestigung und ein prismenförmiges Gebäude mit Anbau, was auffallend an die vertikale und auch die Grundrissgliederung der Gebäude am Gipfel des Burghügels zu jener Zeit erinnert.

Noch zu Lebzeiten des Königs Ludwig von Anjou (1342–1382) kam es zu der Verlobung seiner Tochter Marie mit Sigmund, Markgrafen von Brandenburg, dem Sohne des tschechischen Königs Karl IV. (1346–1378). Durch diese Heirat eröffnete sich Sigmund der Weg zur ungarischen Königskrone. Noch vorher (im Jahre 1385) gibt er die Bratislavaer Burg und das ganze Bratislavaer Komitat seinen Vettern, den mährischen Markgrafen Jost und Prokop, zum Pfand. Ein grosses

Verdienst um die Rückerstattung des Pfandes (in 1389) hatte der aus Polen stammende Stibor aus Stiboritz. Nach dem Tode des Königs Ludwig war er Ratgeber der verwitweten Königin und ein grosser Anhänger Sigmunds von Luxemburg. Zur Belohnung wurde ihm der Posten des Gauvorstehers von Bratislava (1389–1402) und später von Trenčín (1394–1410) übertragen. Es scheint, dass man ihm ausser dem grosszügigen Umbau der Burg Beckov (1388–1410) auch den Bau der Kapelle mit Erker im Wohnturm der Bratislavaer Burg zuschreiben kann. Der gewölbte Raum mit dem polygonalen Abschluss hatte erstlich die Ähnlichkeit eines Erkers auf einem Stützpfeiler. Die Prager Beispiele von plastisch anspruchsvollen Erkern aus der Zeit Karls IV. und dem Anfang der achtziger Jahre des 14. Jahrhunderts wurden noch vor dem Ende des Jahrhunderts zum Muster für die Erker und Erkerkapellen auf vielen böhmischen Burgen. Die Existenz eines solchen Erkers auf der Bratislavaer Burg zeigen zwei grosse architektonische Fragmente, und zwar der Auslauf einer vernichteten Rippe des Gewölbes und ein Teil des polygonalen Abschlusses, welche gegen Ende des ersten Drittels des 15. Jahrhunderts von neuem als Steine beim Bau des Palastes benutzt wurden. Beim Bau des Palais wurde auch das runde, in den Felsen gehauene und ummauerte Becken mit feinem geschwemmtem Ton, welches für die Töpfer oder Öfner, die direkt auf der Burg arbeiteten, vorbereitet war, vernichtet.

Mit Stibor dem Älteren verband Sigmund von Luxemburg (ungarischer König 1387–1437) auch die Dankbarkeit für seine Teilnahme an der Unterdrückung einer Verschwörung (im Jahre 1403), später wurde sein Sohn Verbündeter des Königs im Kampf gegen die Husiten. Dazu meldeten sich auch gleich der Stamm der Rozgoň aus Rozhanovce und die Adeligen Čičva von Šariš. Mittels des Vaters Šimon Rozgoň, der Ritter auf dem Königshof war (seit 1388), wurde die ganze Familie bei Sigmund beliebt. Unter seiner Leitung nahmen Simons Söhne Stefan und Georg seit dem Jahre 1419 an den Vorbereitungen der Expeditionen und an den Kämpfen gegen die Husiten teil. Vielleicht waren es auch Stefans Verdienste in Hradiště (später in Tábor), die ihm im Jahre 1421 die Funktion des Gauvorstehers von Bratislava einbrachten.

Um die Verteidigung vor dem husitischen Heere zu sichern, ordnete

Sigmund zwei Jahre später an, die Verteidigung der mährischen Grenzen zu erhöhen. Dieser Befehl betrifft direkt auch Bratislava, die Stadt sowie auch die Burg. Die Aufgabe Stefan und Georg Rozgoňs bestand hauptsächlich im Errichten der Verteidigung der Burg, welche noch immer nur durch den Wall geschützt war. Sie begannen wahrscheinlich auf der Nordwestseite eine hohe Schanze zu mauern und darin niedrige Schiessscharten für Geschütze unterzubringen. Die Verteidigung des Abhangs und des Vorfeldes der Burg erhöhten sie durch vorgeschobene Geschütztürme. Einen davon bauten sie wieder in Berührung mit der Befestigung des Suburbiums und gaben ihm so zwei Funktionen: In der Richtung des freien Vorfeldes hatte der Turm nur Schießscharten, zum beschützten Suburbium öffnete er sich mit grösseren Fenstern und einem profilierten Erker, der sich dann am Gebäude des Palais voll entfaltete. Dieser Teil des Suburbiums unterlag der Macht der Burg und wahrscheinlich deshalb übertraf im architektonischen Ausdruck des östlichen Eintrittsturmes die künstlerische Gestaltung die Fortifikationselemente.

Heute ist es noch schwierig festzustellen, ob auch die noch vor kurzem unbekannte westliche gotische halbkreisförmige Befestigung der Burg, auf welche auch der älteste bekannte Grundriss vom Anfang des 17. Jahrhunderts und die Fragmente der unter der Erde liegenden Gemäuer die Aufmerksamkeit lenkten, noch in diese Bauetappe gehört. Es ist möglich, dass die westliche Befestigung die Verteidigung noch vor dem alten Wohnturm vervielfachen sollte, man kann aber auch voraussetzen, dass sie erst ein Ergebnis der Befestigungsarbeiten der Rozgoňs war.

Sigmund baute die königliche Residenz in Budín, an das ihn vielleicht Erinnerungen an seinen noch im 14. Jahrhundert erfolgten Aufenthalt banden, ale er hier als Jüngling die Sprache, Sitten und Sonderheiten des Landes kennenlernte. Ausser den Befestigungen wurde hier ein grosses Palais mit gegliederter Fassade gebaut, welches schon teilweise bewohnt, aber unfertig war. Schriftliche Nachrichten aus dem Jahre 1416 lassen uns wissen, dass für Budín Goldarbeiter und andere Meister in Paris angeworben wurden und später (aus dem Jahre 1432) erfahren wir, dass das Palais in Budín nicht beendet war und die aus Frankreich geschickten Fachleute, welche hier die Arbeit begonnen hatten, fortgegangen waren. Wir wissen nicht, wann sich Sigmund entschloss Budín zu verlassen und sich eine andere Residenz zu bauen. Der Grund dafür war wahrscheinlich die Erweiterung des Reiches im Jahre 1414 um Deutschland, wobei die Situation um Budín doch als Randproblem erschien. Die Wahl fiel nicht zufällig auf Bratislava. Abgesehen davon, dass es an der Donau und an anderen mitteleuropäischen Wegen lag, war es zum Berühren nahe vom unruhigen Mähren und Böhmen, deren Krone er schon seit dem Jahre 1420 besass. Bratislava wählte er wegen der Übereinkommen mit dem österreichischen Herzog Albrecht, hier verlobte er im Jahre 1411 seine Tochter und im Jahre 1419 übersiedelte auch seine Schwägerin Sofie, die Witwe von Václav IV., nach Bratislava.

Mit dem Bau des Bratislavaer Burgpalastes hängt sicher schon des Königs Befehl aus dem Jahre 1431 direkt zusammen, der Meister Ricardus solle Handwerker und Arbeiter zum Bau bringen, weiters die Bewilligung für das Bratislavaer Münzamt aus dem Jahre 1430, seine Einkünfte in die Kasse der Burggauvorsteher abzuführen und letztens die erhaltenen Dokumente über die Ausgaben für die Arbeiter während der Sommermonate des Jahres 1434.

Der grosszügige Bau des Palastes begann in Bratislava ungefähr im Jahre 1431. Die Verwirklichung des Planes erforderte grosse finanzielle Kosten. Deshalb wurden ausser den Einkünften des Münzamts auch mehreren Städten Steuern für den Bau auferlegt und auch der Besitz von Verurteilten konfisziert.

Das Palais der Bratislavaer Burg, welches alle bisherigen Gebäude mit seiner Ausdehnung übertreffen und als Neubau optimale Dispositionen schaffen sollte, brauchte eine grosse Zahl von Fachleuten-Steinmetzen. Im Jahre 1431 wurden Steinmetzen aus Bayern, aber auch aus Böhmen und Budín, woher wohl auch die erwähnten Franzosen geholt wurden, berufen. Die Gegenwart der Meister aus Budín beweisen vor allem identische Steinmetzzeichen, die in Budín, sowie auf der Bratislavaer Burg entdeckt wurden. Steine zum Bau der Gemäuer gewannen sie durch Auseinandernehmen des alten Wohnturms, durch Ausbrechen der Steine aus den Gräben um das neue Palais und wahrscheinlich auch aus den Steinbrüchen

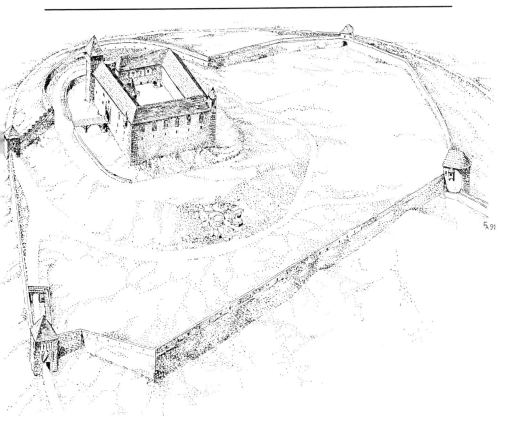

am Fusse des Berghügels; Kalksteinblöcke, zu Details verarbeitet, brachte man zu Wasser aus dem österreichischen Mansdorf.

Dem königlichen Baumeister Konrad von Erlingen unterstanden, nach den erhaltenen „Bauausgaben" aus dem Jahre 1434 in drei Gruppen 90–100 Gesellen, weiters Taglöhner, deren Zahl ständig wechselte. In der Bauwerkstatt der Burg wurden Steinmetzmeister ausgebildet. Die Dokumente zeugen von verschiedenen Verfahren zum Bezeichnen der späteren Profile, von der Arbeit mit Schablonen, über das Übertragen der angegebenen Masse, bis zu meisterhaften Konstruktionen zusammenge-

11   Die Bratislavaer Burg vor der Mitte des 15. Jahrhunderts (Rekonstruktionsversuch)

setzter Profile mittels Kreisen in Kompositionen mit Geraden. Die einzelnen Musterstücke der Details der Steinmetzarbeiten verfertigten sie, einschliesslich des Malens der Liegeflächen, musterhaft.

Von der Architektur, welche die königliche Bauwerkstatt hervorbrachte, blieb nur ein kleiner Teil nahezu vollständig – der östliche Eintrittsturm in die Burg. Die Hohe Entwicklung seiner architektonischen Details war die Ursache, dass man ihn im vergangenen Jahrhundert

12 Abbildung der Bratislavaer Burg am Rande des Wiener Stadtplans (1438–1455)

irrtümlich in die Zeit Matthias Korvins einreihte und ihn deshalb das Korvintor nannte. Auf diesem Turm sind bedeutende Stylelemente erhalten geblieben – das Portal mit dem breit profilierten Segmentbogen mit sich kreuzenden Ruten, auf den Seiten mit runden Stützpfeilern, einem Schild geformt wie ein Eselrücken, mit Türmchen an den Rändern, mit Verkleidung und vielen Details. Die Rekonstruktion der ursprünglichen Ornamente des Durchfahrtsgewölbes nach Abdrücken zeigte, dass es um

13   Der östliche gothische Eintrittsturm

ein parlerartiges Gewölbe vom in Milevsko (Böhmen) angewandten Typ geht, wie sie in der Durchfahrt des Brückenturmes in der Prager Altstadt (nach dem Jahr 1380) und in mehreren südböhmischen Kirchen zu finden sind. Die Bratislavaer Burg ist in der Slowakei das älteste Objekt, wo dieser Gewölbetyp, den man dann bis zum Ende des 15. Jahrhunderts verfolgen kann, angewandt wurde. Das repräsentative Äussere des östlichen Eintrittsturmes der Burg ist vor allem seiner Mündung in das befestigte Suburbium, in den Weg zur Pfarrkirche, zu verdanken.

Im westlichen Teil der Südschanze sind die Grundmauern und in späteren Gemäuern des Palais auch Steine aus der blinden Arkade der Sedilien eines zweiten ähnlichen Turms, welcher durch einen kleinen Vorplatz der Burg ins Freie führte, entdeckt worden.

Das neue Palais unterschied sich von ähnlichen, in Ungarn im 14. Jahrhundert gebauten, Palästen durch ein neues, prinzipielles Element. Während in Zvolen, Vígľaš und Diósgyör repräsentative, aber schwach befestigte gotische Schlösser entstanden, respektierte das Palais der Bratislavaer Burg schon die neue Situation der Kriegstechnik. Die Kaserne nahm hier den ganzen westlichen Flügel des Palais ein. Seine sieben Meter breite äussere Wand beherbergte ein Verteidigungssystem von vier Artilleriekammern für insgesamt sechs Kanonen. Eine solche Verteidigung wiederspiegelte die schnelle Verbreitung der Zündwaffen während der ersten Zusammenstösse mit den Husiten in Böhmen und auch das Applizieren der zu jener Zeit schon verbreiteten Handbücher für Festungsbaumeister, ja auch für Schiesser, von denen verlangt wurde, dass sie gottesfürchtig seien und lesen und schreiben könnten.

Die weiteren Flügel des Palais konnten vom Standpunkt der spätgotischen Prinzipien für die äussere Gestaltung optimal eingeteilt werden. Der südliche, über die Donau orientierte Eintrittsflügel enthielt im ersten Stock die königlichen Gemächer mit einem grossen Erker über der Durchfahrt zum Hofraum. Gleich daneben führte eine breite Treppe in die Räume des Königs, welche auf der Ostseite durch eine Empore mit der Kapelle in der südöstlichen Ecke des Palais verbunden waren. Die Ostseite des Palais hatte grosse dreiteilige Fenster. Solche gab es entlang des ganzen Ostflügels, wo sich übereinander grosse Representationsräume befanden.

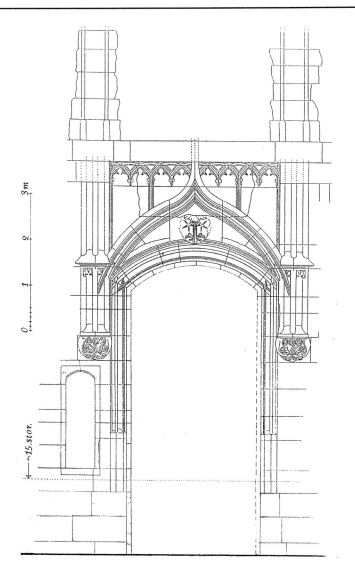

14 Das Eintrittsportal und das kleine Fussgängertor zum gothischen Palais

15 Die gothischen Fenster am Palais

Diese, der Stadt zugekehrte Seite, des Palais bildete ein einheitliches harmonisches Ganzes ohne Fortifikationselemente.

Am wenigsten ist uns das Äussere des vierten, wahrscheinlich nur Wirtschaftsflügels des Palais bekannt, der nach Norden gerichtet war. Von seiner Existenz zur Zeit Sigmunds zeugen nur einige Details.

Trotz der verschiedenen Funktionen der einzelnen Flügel des Palais, was auch mit der unterschiedlichen Höhe der Interieure und der Zahl der Stockwerke veranschaulicht wurde, wirkte die Architektur des Ganzen mittels der bossierten Ecken und der gleichen Höhe der Gesimse einheitlich. Als die Krone der Palastgemäuer fertig war, erforderte der hohe Dachstuhl der Dächer an der Ecke des alten Verteidigungsturmes einen Überbau. Seine alten Schießscharten und Durchgänge hatte das Palastgemäuer überdeckt und der nötige Überbau bekam schon anstatt der Zinnen einen Söller und ein hohes Dach.

Ein ähnlicher, aber um vieles festerer Söller aus Stein wurde auch auf der nördlichen Wand der Verteidigungsseite des Palais erbaut. Diese betraf wahrscheinlich die Information über die Baukosten aus dem Jahre 1434, welche uns mitteilt, dass die grobe Bauarbeit am Palais sich damals schon zu Ende neigte. Auf der Krone des Palais über der südlichen Fassade unterbrachte man eine plastische Relieffreihe, welche von mehr als siebzig Konsolen gestützt wurde. Diese repräsentieren, zusammen mit den Konsolen der Gewölbe am Eintrittsturm, mit den Gesimsecken des Erkers im Hofraum und den grossen Konsolen des Eintrittsportals des Palastes, den Gipfel der bildnerischen Fähigkeiten der Steinmetzen am Bau. Dazu gehört auch der bisher einzigartige Fund einer hochreliefen, fein ausgearbeiteten Plastik eines Frauenkopfes in Sandstein. Aus Sandstein war auch die dreiblättrige Panelierung der Empore in der Kapelle, deshalb können diese Stücke in Zusammenhang gebracht werden. Im Rahmen der breiten Skala bildhauerischen Schaffens auf den Konsolen treffen wir die lakonische Darstellung eines Männergesichts an, welches an mancher Stelle auch die Spuren romanischer Kunst annimmt. Zur klassischen gothischen Kunst gehört ein anderes Gesicht, welches von hochplastischen Ranken umrahmt ist. Auf den Konsolen mit menschlichen und tierischen Maskaronen kann man gemeinsame Ausdrucksmittel beobachten. Vor allem die geometrisch

16 Das gothische Portal im Erdgeschoss des Palais, heute Eingang zur Schatzkammer

betonten Augen, die zu Spiralen stylisierten und oft über die starke Wölbung der Augenhöhlen gezogenen Haare. Ähnliche Maskaronen finden wir schon in der 2. Hälfte des 14. Jahrhunderts in den böhmischen parlerschen Regionen der darstellenden Kunst und später in Budín, wohin nach unseren Voraussetzungen ein Teil der parlerschen Werkstätten nach dem Jahre 1386 übersiedelte. Die Abbildungen der Maskaronen in den dreissiger Jahren des 15. Jahrhunderts, und später auch auf dem Turm der Pfarrkirche in der Stadt, können mit der Anwesenheit der Steinmetzen aus Budín erklärt werden. Unter diese Steinmetzen rechnet man auch die französischen Meister, denen man in Bratislava die hohen zugespitzten Fenster des Palais mit den runden Blindscheiben in der grossen Repräsentationshalle der Kapelle zuschreiben kann. Die übrigen Fenster des Palais mit einem kleinen Mittelpfeiler oder Kreuz waren rechteckig und gehörten mit ihrer Profilierung in die grosse Gruppe der Fenster graphischen Styls, welcher später in ganz Ungarn häufig vertreten war.

Eine andere künstlerische Strömung, die auf der Bratislavaer Burg durch Segmentportale gekennzeichnet ist — in dem östlichen Eintrittsturm, in der Palastdurchfahrt, aber ausnahmsweise auch an kleineren Portalen — wird aus der bayrischen Donaugegend abgeleitet. Die meisten der Palastportale, welche nur zum Teil auf ihrem ursprünglichen Platz erhalten blieben, hatten Sattelform, ein schräges Profil oder bogen-, resp. birnenförmige Profile, welche in polygonalen Sockeln endeten. Eine Ausnahme bildet ein Sockelportal mit der Plastik eines Wachthundes. Auf den Fenstern der königlichen Gemächer und des auf den Hofraum gerichteten Erkers wurde auf den Sockelteilen die Benutzung von Diamanten festgestellt. Das Applizieren von Profilen zeigt sich beinahe an allen Konstruktionen der Öffnungseinfassungen und auch auf den Fragmenten der birnenförmigen Gewölbsrippen, welche heute die komplizierte Arbeit der Gewölbeornamente nur schon ahnen lassen.

Unter die ausgeprägten bildhauerischen Elemente des gothischen Palais gehörte auch der zehn Meter breite Hoferker mit einer Reihe blinder Rundscheiben im ersten Stock. Sein geometrischer Grundentwurf befand sich sicher in den Skizzierbüchern mehrerer mittelalterlicher Eisenhütten, so kann man ihn z. B. am Geländer der St. Severinkirche in Erfurt, auf den

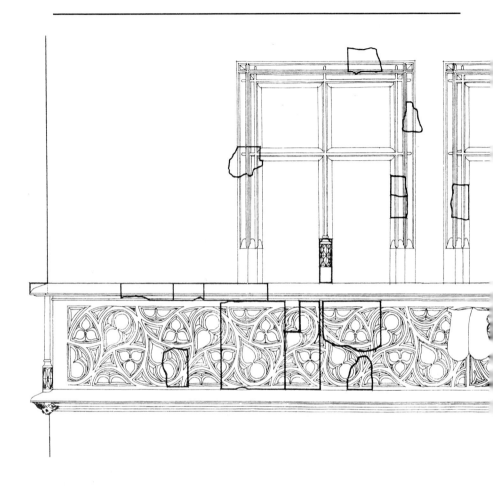

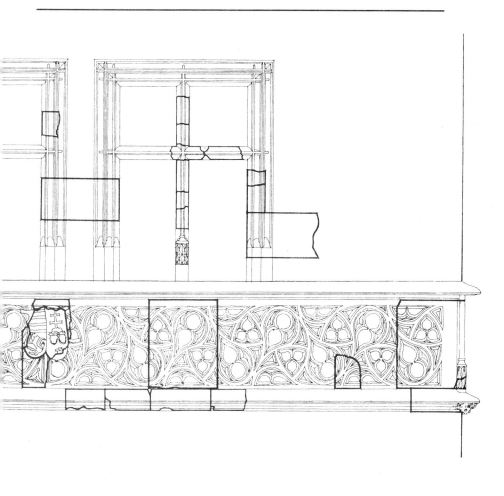

17 Der 1. Stock des grossen gothischen Palasterkers (Rekonstruktion auf Grund erhaltengebliebener Teile)

18 Wappen mit den Wahrzeichen Unter- und Oberösterreichs, Dalmatiens und mit dem luxemburgischen Löwen, ursprünglich in den blinden Rundscheiben des Erkerparapets im Palasthof. Ein Teil des Wappens von Barbara von Celje, der zweiten Gattin Sigmunds von Luxemburg, ursprünglich wahrscheinlich über dem Fenster an der südlichen Fassade des Palais. Maskaronen auf Konsolen, welche das Bogengesims der gotischen Palastfassade stützten

gewesenen Chorstühlen des Stefansdoms in Wien (1476–1486), oder am Hof des Nürnberger Rathauses (1490–1538) antreffen. Auf den blinden Rundscheiben des Bratislavaer Erkers fanden sich wenigstens zwei Wappen, auf dem einen erhaltenen sind die Wappen Oberungarns, Südungarns, Dalmatiens und der Luxemburger, eingelassen in ein Turnierschild. Von den weiteren Wappen, welche ursprünglich wohl über den Fenstern des königlichen Flügels angebracht waren, fand sich nur eines, welches Barbara von Celje, der zweiten Gemahlin Sigmunds von Luxemburg gehörte.

Ausser den repräsentativen Teilen enthielt der Palast auch, vom Standpunkt der Architektur, weniger anspruchsvolle Räume. So kann man im westlichen (Verteidigungs) Flügel Holzdecken vermuten, wonach P. Ferrabosco im 16. Jahrhundert das Objekt „Holzpalacium" nennt. In diesem Teil waren wahrscheinlich auch die Portale einfacher, vielleicht halbkreisförmig, wie im Keller des Nordflügels. Heute ist es schwer zu bestimmen, auf welche Weise sich im Hof der Überbau des Brunnens ausnahm, den man im Jahre 1434 zu graben begann.

Die Interieure im königlichen Flügel des Palais hatten wahrscheinlich Fussböden von roten quadratischen Keramikfliesen, wie sie beim Erker aufgefunden wurden. Die Wände der Räume waren wahrscheinlich nur geweisst. Ihre malerische Dekoration kam durch den Tod Sigmunds im Jahre 1437 nicht an die Reihe.

Trotzdem Sigmunds Palastgebäude nicht zur königlichen Residenz wurde, gewann es in der Entwicklung der profanen Architektur Oberungarns eine grosse Bedeutung.

Auf dem Gebiete der Fortifikationsbautechnik wurde mittels der Anwendung von Rastern für die Artillerieschießscharten und von geschlossenen Standorten für die Kanonen am Palast eine Konzeption realisiert, welche der Entwicklung um mehr als hundert Jahre voranging. Angesichts der nachfolgenden politischen und militärischen Situation wurde so eine Konzeption auf den Verteidigungsbauten in Ungarn erst nach der Schlacht bei Moháč verwendet.

Nach den einzig dastehenden Beispielen der Verwendung spätgotischer architektonischer Elemente in den Kapellen von Zvolen und der

Franziskanerkirche in Bratislava, wird das befestigte Palais, dank der Steinmetzwerkstätte, in optimaler Disposition der breiten Skala spätgotischer Formen der Details, aber auch ganzer Räume, realisiert. Die bunte Herkunft der zahereichen Steinmetzen bereicherte den königlichen Bau um den Einfluss mehrerer verschiedenartiger, aber bewährter Formen der Details, welche der Meister Konrad zu einem logischen, organischen und künstlerischen Ganzen verband. Mehrere Teile der Architektur der Burg wurden in der Zeit der Baukonjunktur seit der Mitte des 15. Jahrhunderts für lange Zeit zum Muster, vor allem in Bratislava. Beinahe in allen Gassen des befestigten Stadtteils, nicht nur auf seinen bedeutenden Neubauten (das Rathaus, die Academia Istropolitana) sondern auch auf den Häusern wohlhabender Bürger erschienen vom Burgpalast inspirierte Segmentportale, Erker und Fenster.

Vom Gesichtspunkt der Typologie der Burgbauten stellt die Bratislavaer Burg im 15. Jahrhundert einen bei uns einzig dastehenden Übergang

19 Teil einer gothischen Plastik, welche in der Aufschüttung entdeckt wurde

von den älteren, nicht befestigten Bauten mit selbständigen inneren Hofräumen, zu den daran anknüpfenden befestigten Renaissanceschlössern. Sie personofiziert die letzte Etappe der Burgarchitektur in der Slowakei, nach welcher in der weiteren Entwicklung besonders die italienische Fortifikationsarchitektur und die Strömungen der Renaissancearchitektur tonangebend sind.

Es ist ein historisches Paradox, dass im Todesjahr des Kaisers (1437) der neue ungarische König und österreichische Herzog Albert von Habsburg (1437–1439) die Witwe Sigmunds, Barbara von Celje, deren Wappen noch aus der Wand des Palastes ragte, auf der Burg einkerkern liess. Im folgenden Jahre fand die Verlobung von Alberts Tochter mit dem Markgrafen Wilhelm von Meissen statt und später wurde wenigstens ein Teil des Palais für Ladislav Posthumus eingerichtet. Dass die Burgräume benützt wurden, konnte man aus dem Vermerk aus dem Jahre 1450 über das Ausrauben der Burgkapelle, wo sich wertvolle Kodexe und andere teuere Gegenstände und auch königliche Edikte an den Stadtsenat, er solle für die Reparatur der Burg sorgen (1438, 1452, 1463) befanden, erfahren. Zu diesen Reparaturen gehörte auch das Entfernen von Schäden, die während der Belagerung im Jahre 1440 im Rahmen der Kämpfe um den ungarischen Thron, als die Gauvorsteher aus der Familie Rozgoň Vladislav Jagello unterstützten und die Stadtbesatzung mit den Söldnern sich für die Rechte von Ladislav Posthumus einsetzte, verursacht wurden.

Wahrscheinlich wurden in alle Wohninterieure des Palasts nach und nach Öfen eingebaut. Die Wände der Öfen aus einfachen dunkelgrauen Kacheln belebten Kacheln mit dem Relief eines Ritters, eventuell Nashorns, oder auch heraldischen Motiven. Eine grössere Gruppe bildeten grün glacierte Öfen mit figuraler Dekoration (die heilige Katarina, Zacharias), aber auch mit der Königskrone. Weitere Öfen bestanden aus Kacheln mit architektonischen Motiven, entweder mit dreiblättrigen Kreismotiven in niederem Relief, oder auch Öfen mit Nischen mit gebrochenen Motiven, eventuell mit Stützpfeilern und Türmchen. Die Fragmente der Giebel deuten vielfältige Abschlüsse der Öfen an, von einfachen dreieckigen, über gekreuzte Strausse bis zu Tiermotiven. Eine aufgefundene Form mit dem Negativ eines Löwen zeugt davon, dass

manche Öfner direkt in der Burg arbeiteten. Zumindest ein Ofen wurde am Ende des 15. Jahrhunderts in Banská Bystrica erzeugt (die heilige Katarina), ein weiterer mit einer Rosette und einem Löwen am Sims stammt aus Süddeutschland. Über den Import dunkelgrauer Keramik auf der Donau informiert uns eine grosse Serie Küchengeschirr, die mannigfaltigsten Töpfe und Krüge, welche an ihren Rändern eingedrückte Stempel haben. Nach der Form ihrer Stempelung kann der Grossteil der Produktion Wiener Töpfern zugeschrieben werden. Neben vorherrschenden grauen keramischen Trinkgläsern wurden auf der Burg in nicht geringerem Masse auch dunkelbraune aus Loštice bei Olomouc (Olmütz) und aus Italien importierte gläserne verwendet. Aus dem italienischen Faenza stammt wahrscheinlich ein Teil des Tellers in Majolika mit einem gemalten Kranz und einem stylisierten Streifen Vierblätter, welcher sich an ähnliche und

20 Teile von Ofenkacheln eines gothischen Ofens des Palais, auf dem Band die Aufschrift Zachareas

ebenfalls unikate Funde auf der Burg Budín reiht, wo sie zur Zeit des Königs Matthias (1458–1490) benutzt wurden.

Die einzige historische Darstellung der Burg im 15. Jahrhundert ist eine Miniature der Stadt und Burg am Rande eines Wiener Stadtplans (1438–1455). Wegen seines Schematismus und seiner vereinfachten Zeichen war er nicht für glaubwürdig gehalten. Bei seiner Analyse kann man gleich feststellen, dass zum Unterschied von der Stadt, die Zeichnung der Burg mit der Aufschrift „das haus ob prespurck" in mehrere Ebenen aufgeteilt werden kann. Zwei selbständige Türme mit Durchfahrten im

21 Beschlag eines mittelalterlichen Buches (aus der Aufschüttung)

Vordergrund erfassen den südlichen Teil der Burg mit den Toren. Darüber ist die Fassade des Palastes, an den Seiten von den Palasttürmen flankiert, links vom älteren Verteidigungsturm, rechts vom Trommelturm, welcher sich an der nordöstlichen Ecke des Palastes befand. Zwischen den Türmen sind im oberen Teil der Fassade zwei Gesimse eingezeichnet. Das schematische Raster des unteren stellt eine Reihe bogenförmiger Reliefs dar, und eine weitere Wand darüber soll wahrscheinlich die Fassade mit dem Erker in der Mitte, vom Hof gesehen, darstellen. Das Hervorheben der Fassade im zweiten gezeichneten Horizont entspricht den Intentionen der mittelalterlichen Darstellung der charakteristischen Details. Das letzte Türmchen vor dem Eintritt in das Palais kann man nicht genau identifizieren, es kann sich aber um jenen Turm handeln, der die Brücke vor dem Palais schützte.

22 Kaiser Sigmund mit seiner ersten und zweiten Gattin

Die bedeutendste königliche Burg Ungarns

Den gothischen Burgpalast kennzeichnete eine durchdachte und einheitliche Disposition, ausgedrückt in einheitlicher architektonischer Sprache, in der sich die Anteile der handwerklichen und künstlerischen Komponenten gegenseitig ergänzten.

Der Renaissance-Umbau traf den gothischen Organismus des Palais aus dem dringen den Grund funktioneller Umgestaltung der Räumlichkeiten. Nach der Besetzung Niederungarns durch die Türken wurde anstatt Budín Bratislava im Jahre 1531 zur Stadt der Landtagssitzungen, der Krönungsfeiern, zum Sitz der Gauämter und die Bratislavaer Burg zur bedeutendsten königlichen Burg Ungarns.

Gleich nachdem die ungarische Armee bei Mohács besiegt worden war, wo auch der König Ludwig II. Jagello (1516–1526) fiel, zerstreute sich der Budíner Königshof vor der Drohung des Türkenanmarsches. Die verwitwete Königin Marie von Habsburg entfloh mit einem kleinen Gefolge hoher Würdenträger nach Bratislava. Sie brachte auch den königlichen Schatz, die Reliquien des Sankt Johann Elemosynarius und andere Wertsachen aus Budín und Visegrad, welche das Palladium des ungarischen Königreiches bildeten, mit. In Bratislava wurde der Schatz auf der Burg aufbewahrt. Hier betreute ihn der königliche Burggraf Ján Bornemisza mit grosser Wachsamkeit und war entschlossen, ihn nur dem gültig gewählten und gekrönten König zu übergeben.

Den königlichen Schatz bildeten zum Grossteil rare kunstgewerbliche Werke: hunderte verschiedener Gefässe, Tischverzierungen in Form von Drachen, Fontänen, Bäumen und ähnlichen. Ausser Gold und Silber waren zu ihrer Verfertigung auch Bergkristall, Edelsteine, Perlen und Email verwendet worden. Zum Staatsschatz gehörten auch das Szepter, der Apfel und das Schwert, welche vor der Vernichtung bewahrt geblieben waren. Es gab hier auch eine Reihe, von Juwelieren verfertigter, Kruzifixe, Bilder, Statuen und Reliefe mit religiösen Themen, schöne illuminierte Bücher und niederländische Tapisserien mit religiösen Szenen, manche mit goldenen Fäden gewoben. Die Kirchenjuwelen und − gewänder stammten aus der Pfarrkirche von Budín, aus der königlichen Burgkapelle, aus der Kapelle des Sankt Johann Elemosynarius und auch aus der Burgkapelle in Visegrad. Unter dem Schatz befand sich auch eine Menge mit Gold und Perlen bestickter weltlicher und kirchlicher Gewänder, Pölster, Decken, weiters Diademe, Kränze, Hutspangen, Gürtel, verzierte Schwerter und Waffen, Ringe, Halsketten, Ketten, Kameen und auch uneingefasste Edelsteine. Hier war auch ein Globus, das berühmte Astrolabium des Königs Vladislav Jagello aus dem Jahr 1503, welches zum Objekt der Bewunderung der Zeitgenossen wurde, aber auch die Reiseuhr Ludwigs II. in einem Schränkchen aus Gold und Silber, und andere weitere Raritäten von grossem Wert.

Gleich nach den tragischen Ereignissen von Mohács entbrannte der Kampf um den ungarischen Thron. Die Zunge auf der Wage bildete die Verteidigung der Reste des ungarischen Königreiches gegen die Türken. Durch die Anstrengungen von Marie und ihren Anhängern gewann den Thron endlich im Jahre 1527 für die Dauer ihr Bruder, der österreichische Erzherzog Ferdinand I. von Habsburg (1526−1564). Dieser disponierte gleich nach seiner Wahl zum ungarischen König, noch vor seiner Krönung, mit dem Schatz solcherart, wie es ihm das Recht erlaubte und die kritische Situation ihn zwang (der akute Mangel an Geld für die Sicherung der Verteidigung gegen die Türken). Einen grossen Teil der goldenen und silbernen Gegenstände liess er in die Wiener Münzerei schicken, wo sie eingeschmolzen und zum Prägen von Münzen verwendet wurden. Von 490 Kilogramm Silber und 6,5 Kilogramm Gold wurden bis zu 800 000 goldene Münzen geprägt. Diese Summe stellte ungefähr ein Fünftel der damaligen Einnahmen der österreichischen Erbländer vor, aber die Kriegsausgaben verschlangen sie bald. Weitere und weitere Finanzmittel wurden mit Hilfe von neuen Anleihen, Steuern, Pfändern und Requirierungen zu Hause und im Ausland, bei Herrschern, Bankiers und auch beim Papst, gesucht.

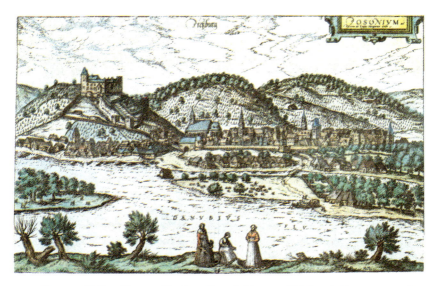

Ausgewählte Gegenstände, die nicht aus Edelmetall waren, oder welche nicht zum Einschmelzen bestimmt waren, wurden zum Teil in der Wiener Schatzkammer untergebracht, ein Teil sollte nach Budín zurückerstattet werden, und das, was angeblich im persönlichen Besitz Ludwigs war, trieb Marie für sich ein. Einen erheblichen Teil davon bekam sie auch. Aber später verloren sich auch die Spuren dieser Wertgegenstände im unübersehbaren Chaos der Ereignisse.

Eine entscheidende Bedeutung gewann vor allem die Nutzung des Palais zum Unterbringen der bedeutendsten Teilnehmer der Landtage, einschliesslich des Königs, seit dem Jahre 1552 auch zur Placierung der Krönungsschätze (im südwestlichen sogenannten Kronenturm). Hier waren auch manche Ämter untergebracht, zum Beispiel das Gauamt des Bratislavaer Komitats. Diese Funktionen übertrafen mit ihrer Differenzierung und ihren Ansprüchen auf Raum die Möglichkeiten des gotischen Baues, wo Wohnräume nur im südlichen Flügel zur Verfügung standen und

23 Hogenbergs Gravierung der Burg und der Stadt aus der 2. Hälfte des 16. Jahrhunderts

vielleicht noch im westlichen, sogenannten hölzernen Palacium, welches schon gänzlich vermodert war.

Den radikalen Renaissance-Umbau des Burgpalastes führten in den Jahren 1552–1562 Baumeister und Künstler italienischer Herkunft aus, welche im Dienste des österreichischen Kaiserhofes in Wien konzentriert waren. Der Umbau und die allernötigsten Vorkehrungen wurden gelegentlich der Krönung des Thronfolgers Maximilian II. im Jahre 1563 beendet, aber die Arbeit wurde danach weiter fortgesetzt und die künstlerische Ausschmückung begann erst damals.

Auf Grund des Auftrags von Kaiser Ferdinand I. arbeitete im Jahre 1552 Pietro Ferrabosco das Projekt aus und hatte auch die Hauptaufsicht über die Arbeiten. Er stammte aus dem Nordwesten Italiens, woher im 16. Jahrhundert in das cisalpine Milieu ganze Stämme und Generationen verschiedener Handwerker und Künstler strömten. Ferrabosco stand in

24 Merians Gravierung der Stadt und der Burg aus dem Jahre 1638

den Diensten des Kaisers seit dem Jahre 1545. Er hielt sich hauptsächlich für einen Maler, wurde aber zumeist mit Bauaufträgen betraut, unter anderem auch mit der Adaptierung der Wiener Hofburg. Ferrabosco kannte auch der Graf Eck Salm, der in den Jahren 1552–1571 Kapitän der Bratislavaer Burg war, wie vordem sein Vater, in dessen Diensten Ferrabosco stand, bevor er kaiserlicher Architekt wurde.

Auf der Bratislavaer Burg baute Ferrabosco die Disposition der Hauptflügel – des südlichen und östlichen – aus, welche für den Herrscher, den Statthalter und ihre Begleitung bestimmt waren. Er senkte die Höhe der einzelnen Stockwerke, was für Wohnzwecke günstiger war und somit mehr Raum gewonnen wurde. Im Ostflügel schob er sogar in den ursprünglich gothischen Saal, welcher die ganze 1. Etage einnahm, ein weiteres Stockwerk ein. Er baute neue Treppen, welche an den Rändern der Flügel situiert waren. Alle Räume in den verschiedenen Stockwerken bekamen wahrscheinlich neue flache Decken. Die gothischen Fenster ersetzte er mit neuen rechteckigen Fenstern in Renaissance-Proportionen. In ihrem Futter wiederholte sich die Reliefreihe mit dem Motiv des Ordens des goldenen Vlieses – nach dem Muster der Fenster der Hofburg. (Dieser im Jahre 1429 vom burgundischen Herzog Philip dem Guten gegründete Orden wurde einer begrenzten Zahl Angehöriger des höchsten Adels für ihre Verdienste um die katholische Kirche erteilt. Zur Zeit von Philips Nachfolgern ging das Recht diesen Orden zu erteilen auf die habsburgischen Herrscher über. Das Motiv des Ordens wurde auch als Verzierungselement auf den Objekten und Gegenständen, welche die Person des Kaisers repräsentierten, appliziert.)

Der Haupteingang des Palais, ursprünglich in der Mitte der südlichen Fassade, wurde mehr zur östlichen Ecke verlegt. Er wurde von einem vorgebauten Turm mit einem kleinen Barbakan und einer Durchfahrt mit Sedilien gebildet. Zum Eingang führte über den Burggraben eine Brücke oder ein enger mit Ton aufgeschütteter Anstieg (seine Überreste sind auf Pierronis Plan der Burg vom Jahre 1642 sichtbar). Der gothische Erker auf der Vorderfront und auf der südlichen Hoffassade wurde storniert. Der neue einfache rechtwinkelige Erker, welcher das Presbyterium der Kapelle bildete, wurde in die östliche Fassade eingesetzt. Auf den Fassaden kam,

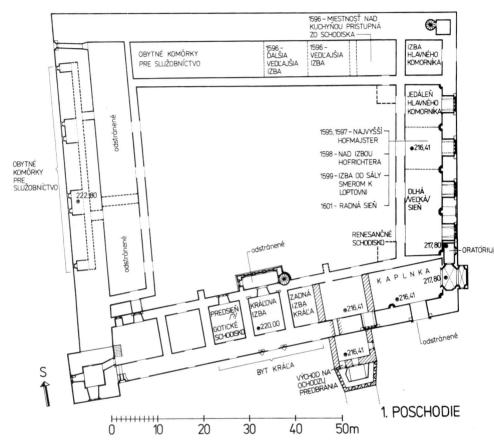

ausser dem Putz in natürlicher weisser Farbe, das rote Konturieren der Öffnungen (z.B. der Erkerkapelle), rote Quaderung (an den Ecken des Eintrittsturmes), grauer Anstrich der steinernen Fensterfutter (des steinernen Fenstergebälks mit den Motiven des goldenen Vlieses) zur Geltung. Die Dächer des Palastes waren sehr verschieden, pyramidenförmig oder stemmeisenförmig wie auf beiden Türmen und auch über beiden neuen tur-

25 Grundriss der 1. Etage des Palais mit Rekonstruktion der Disposition und der Ausnützung vom Ende des 16. Jahrhunderts

martigen Treppen in den Ecken des Hofes am östlichen Flügel. Die Wohnflügel hatten sattelförmige Dächer, bei denen Ferrabosco – vielleicht zum ersten Mal in Ungarn – bogenförmige Renaissance-Attiken anwandte. Dächer, wie wir sie auf Gravierungen sehen (Mayer, Hoefnaglius,

26 Rekonstruktion des Renaissance Eintrittsturmes zum Palais

Merian), deuten auf die Unkonsequenz des Renaissance-Neubaus hin, der nicht Sache einer einheitlichen architektonischen Konzeption, sondern eher die Sache einer zweckmässigen Adaptierung der einzelnen funktionellen Teile des Palais war.

Der Hof des Palais lag um circa mehr als einen Meter tiefer als heute und senkte sich vom Nordwesten zum Südosten (zur Durchfahrt). Vom westlichen Flügel blieb nach dem Niederreissen des hölzernen Palaciums nur das gothische Halbsouterrain und Erdgeschoss, welche als Lebensmittel- und Weinkammern dienten, übrig. Über ihnen erhob sich in fünfzehn Meter Höhe die sieben Meter breite westliche Umfangsmauer des Palais. Auf der Nordseite über dem gothischen Halbsouterrain, wo die Burgküchen waren, war ein dreistöckiger Flügel für das Personal. Er war mit den relativ kleinsten Bauansprüchen gebaut worden und war von winzigen Kammern, aber auch grösseren Speiseräumen der Dienerschaft überfüllt.

Der östliche Flügel, der am gründlichsten umgebaut worden war, erhielt den Namen „das neue Palais". Im Erdgeschoss und im ersten Stock waren einige Hofwürdenträger untergebracht. Im ersten Stock befand sich auch der sogenannte „grosse Saal" (seine Länge betrug ungefähr die Hälfte des ursprünglichen gothischen Saales), welcher während des ganzen 16. Jahrhunderts den protestantischen Teilnehmern des Landtags zum Gottesdienst diente. Am Berührungspunkt mit dem südlichen Flügel war eine neue Treppe, welche alle Stockwerke verband und auch den Zutritt ins Oratorium und in die Kapelle im Südflügel ermöglichte. Im zweiten Stock des Ostflügels war die Wohnung des Statthalters Ungarns (in diese Funktion wurde gewöhnlich einer der Erzherzöge – der Brüder des Herrschers ernannt), und die Wohnung des Herzogs von Siebenbürgen (Siebenbürgen nahm im System der Habsburger Länder eine selbständige Stellung ein). Die Wohnungen hatten vergoldete Schlüssel, was davon zeugt, dass es im ganzen Flügel die am allerprächtigsten ausgestatteten waren. In der Burg gab es aber keine Luxusmöbel, weil es der Brauch war, dass der Adel (und auch niedrigere Stände) auf Reisen den grössten Teil der Gegenstände für seinen Wohnkomfort und seine persönliche Repräsentation mit sich führte. Auf der Burg befanden sich nur gewöhnliche unentberhrliche Möbel wie Betten (ohne Strohsäcke und Bettzeug),

Tische, Stühle, Bänke und „Kredenzen"-Regale zum Unterbringen der Teller und Kelche. Eine Ausnahme bildete ein Kasten für das silberne Tischgeschirr, welcher sich im Nordflügel in der Nähe der Küche und Kellner in der sogenannten „Silberkammer" befand. Der Kasten war scheinbar nicht prächtig, aber gross und fest. Die Silberkammer hatte keinen festen Platz, wurde mehrmals verlegt, manchmal auch an ganz untergeordnete Stellen.

Im südlichen Flügel wurde das Erdgeschoss von der Burgwache ausgenützt. Im ersten Stock war die Wohnung des Königs, so wie zur Zeit der Gothik. Sie bestand aus einem Vorzimmer, dem Gemach des Königs und dem Hinterzimmer. In ihrer Nachbarschaft befand sich ein grösserer Raum über dem Haupteingang, welcher kurz nach dem Umbau den Namen Beratungssaal erhielt und zu dem die Kapelle gehörte. Die Kapelle, obwohl

27 Mündung der Renaissance Durchfahrt in den Palasthof

sie auch weiterhin an der Stelle der vormaligen gothischen Kapelle geblieben war, hatte ihr gothisches Gepräge ganz verloren. Ihr Fussboden war erhöht, der südliche gothische Erker entfernt, an der Ostwand war ein rechtwinkeliges Presbyterium mit Erker angegliedert. In den Raum vor dem Presbyterium mündete von der nördlichen Seite durch ein grosses Fenster ein miniatures Oratorium, welches in die Breite der Mauer eingebaut war. Im Oratorium, welches aus seiner im zweiten Stock befindlichen Wohnung des östlichen Flügels durch Treppen leicht erreichbar war, beteiligte sich der Statthalter an den Gottesdiensten.

Zur östlichen Fassade des Palastes wurde im letzten Drittel des 16. Jahrhunderts ein Ballhaus angebaut, welches auf Merians Gravierung zu sehen ist. Das Ballspiel, ähnlich dem jetzigen Tennis, das Reifenwerfen (Ringjagd) und andere Spiele gehörten sehr bald zum gesellschaftlichen Leben nicht nur des Hofes, aber auch der Bürger.

Mit dem Bau wurde im Jahre 1552 begonnen. Der Baumeister Ferrabosco betraute den Maurermeister Bartolomeo Inisgad mit den Maurerarbeiten. Dieser wurde nach kurzer Zeit im Jahre 1553 von Antonio Voltolino abgelöst, ein Jahr später übernahm die Arbeit Felice da Pisa und vom Jahre 1561 Donato Gratiola, der in demselben Jahre die wichtigsten Maurerarbeiten zu Ende führte. Den Grund für das häufige Wechseln der Maurermeister kennen wir nicht. Die Maurermeister warb Ferrabosco meistens direkt in Italien an, wo er durch häufige Reisen rege persönliche Kontakte aufrechterhielt. Im Jahre 1561 begann die grobe und auch die dekorative Steinmetzarbeit, welche der Steinmetzmeister Francesco di Giorgio leitete. Seiner Werkstätte können wir vielleicht die einzigartigen erhaltenen Fragmente, wie die Fensterfutter mit den Motiven des Ordens des goldenen Vlieses, die Fensterfutter des Oratoriums und einige Säulenköpfe und Voluten mit feinem Dekor, zuschreiben. In jenem und dem darauffolgenden Jahre liess Ferrabosco unter dem Hof einen unterirdischen Raum für den Burgbrunnen bauen und führte im Palais eine teilweise Wasserleitung (Tonröhren) und Kanalisation ein (gemauerte Abfallgruben).

Im Jahre 1561 wurden auch schon manche Finalarbeiten in den Interieuren durchgeführt – in der Wohnung des Statthalters und in einem

28 Renaissance Erker mit dem Fenster des Oratoriums

Raum des Kaisers. Diese Räume mussten im Zusammenhang mit der sich nähernden Krönung des ungarischen Thronfolgers Maximilian II. im Jahre 1563 (1564—1576) als erste zum Bewohnen vorbereitet werden. Durchgeführt wurden Reparaturen der Fussböden, Türen, Fenster, Öfen und Kamine. (Eine grosse Anzahl Scherben der alten gothischen Öfen und des gothischen schwarzen Tongeschirrs wurde jetzt im Graben unter den Fenstern der königlichen Gemächer gefunden, wohin sie bei dem Umbau aus den Fenstern geworfen worden waren. Gleichzeitig wurde auch eine Menge zerbrochener Dachhäute, wahrscheinlich von der Reparatur des Daches vor dem Jahre 1570 stammend, gefunden.)

Die Räume des Palais waren wahrscheinlich noch nicht dekoriert, oder nur in geringem Masse. Auf Berichte über Künstler stossen wir erst seit dem Jahre 1563, als der Maler Giulio Licinio aus Venedig mit der Dekoration der Kapelle nach eigenen, vom Kaiser gebilligten, Entwürfen zu arbeiten begann. Sein Aufenthalt in Bratislava in den Jahren 1563—1567 ist bestätigt. Unter den Mitarbeitern und Gehilfen, die an der Dekoration der Kapelle und des Oratoriums teilnahmen, nennt er nur den Bildhauer und Strukkateur Cesare Baldigara (auch ein Angehöriger einer zahlreichen Künstler- und Architektenfamilie, welcher aus der Umgebung von Venedig stammte). Auch mehrere weitere Künstler am Hofe des Kaisers Maximilian II. kamen aus dieser Region, wo sie der venezianische Gesandte des Wiener Hofes aussuchte.

Es ist unbekannt, was von den geplanten Entwürfen für die Dekoration verwirklicht wurde, welche Licinio in seinem Briefe an den Kaiser beschreibt, da bei ihrer Verwirklichung man ständig auf Geldmangel stiess, aber Licinio beendete seine Arbeit und forderte dann jahrelang erfolglos die Auszahlung seines Lohnes. Die erhaltenen Groteskbilder und die Stukkatur in den Resten der Kapelle und im Oratorium bilden in ihren Details und in der Komposition einen sehr frühen und reifen Nachhall der besten römischen Vorbilder aus dem 16. Jahrhundert: der Groteskmalereien Giovannis da Udine in den vatikanischen Stanzen und in der Villa Madama (hier schon in Verbindung mit Stukkatur auf vergoldetem Hintergrund). Nur die Wahl der Farben und die Proportionen der Gestalten auf der Bratislavaer Dekoration sind eher venezianisch. Das

29 Detail der Ausmalung eines Renaissance Erkers

hängt wahrscheinlich mit der venezianischen Abstammung G. Licinios und seiner Malergehilfen zusammen.

Das Oratorium und der vor dem Erker befindliche Teil der Kapelle wurden bei dem Palastumbau im 17. Jahrhundert als unnötig zugemauert und mit Baumaterial angefüllt. So überdauerten sie alle weiteren Adaptationen des Palais, den grossen Brand der Burg im Jahre 1811 und weitere 140 Jahre des Verfalls. Sie wurden bei der Rekonstruktion des Palais in den sechziger Jahren des 20. Jahrhunderts entdeckt und restauriert. Die Dekoration der Kapelle und des Oratoriums ist ein meisterhaftes Beispiel des Renaissance-Manierismus in der Schöpfung der italienischen Maler und Stukkateure, welche am Wiener kaiserlichen Hofe kurz nach der Mitte

30 Das vergoldete Stukkgewölbe des Oratoriums

des 16. Jahrhunderts wirkten. In der Zeit ihrer Schöpfung stellte sie ein Gipfelwerk dieser Art nördlich der Alpen vor. Heute ist dieses Torso der einzige Überrest und Zeugnis vom Zustande der Bratislavaer Burg zur Zeit der Renaissance.

Nach dem Jahre 1570 ist der Name eines weiteren Malers, der die Dekoration der Palastinterieure fortsetzte, bekannt. Das war Ulisse Magiolano (da Volterra), auch unter dem Nachnamen Romano bekannt (diese Zunamen bezeichnen die Abstammung und bedeutendere Wirkungs-, eventuell Studienorte). Das Mass seiner Beteiligung an der Dekoration können wir aber nicht bestimmen. Aus den späteren Erwähnungen vom Anfang des 17. Jahrhunderts wissen wir, dass die Zimmerdecken der Wohnräume ältere Tafelmalereien (Renaissance) hatten. Wenn die Decken ausgewechselt wurden, war es angeordnet, die Gemälde abzuheben ohne sie zu beschädigen, und sie an den neuen Decken wieder zu verwenden. Über die Autoren und den Charakter der Gemälde gibt es keine Erwähnung, die Teilnahme von Ulisse Romano kann man nur als unbeglaubigte Voraussetzung in Erwägung ziehen. Die persönliche Teilnahme Ferraboscos an der Gestaltung der im Jahre 1570 beendeten Räume des Statthalters ist bekannt, aber auch ohne weitere Kenntnis über ihren Charakter. Man kann voraussetzen, dass er sich hier haupt sächlich als Maler (der Wand- und Deckengemälde) erwies, er selbst hielt sich mehr für einen Maler als für einen Architekten.

Ausser der künstlerischen Dekoration wurde auch die Frage des Wohnens und der Funktion der Burg, wie auch gewisse Ansprüche an die technische Ausführung und den Betrieb gelöst. Manche wurden schon erwähnt. Zur Zeit der Landtage war das Palais überfüllt, trotzdem hier nur auserwählte Teilnehmer wohnten. Besonders für die Dienerschaft war wenig Platz, deshalb wurde sie auch in den Arbeitsräumen untergebracht. Auch die Mitglieder des Hofes mussten sich mit 1—2 Räumen zufriedengeben, wo sie schliefen, amtierten, assen und wo auch ihre Begleitung sich aufhielt. Die Räume wurden meistens von Kaminen geheizt, welche die früheren gotischen Öfen ersetzten. Das Heizen mit Öfen wird im Inventar nur vereinzelt angegeben. Vor und nach dem Landtag wurde das Palais gekehrt und aufgeräumt, diese Arbeiten, so wie auch das Abwaschen des

31 Zwei Details von Steinmetzarbeiten aus dem 16. Jahrhundert

Geschirrs, und weitere Dienste gehörten zu den Pflichten der Leibeigenen der Bratislavaer Burg. Während des Landtags befand sich, mit Hinsicht auf die erhöhte Zahl der Inwohner, in den Wohnräumen eine grössere Anzahl von Leibstühlen, nur selten wurde dazu eine Scheidewand eingerichtet. So war den Bedingungen der persönlichen Hygiene von Seiten des Ärars Genüge getan.

Auf der Burg war immer Wassermangel, besonders während der Landtage, oder im Fall eines Brandes. Das Wasser kam nur von einem einzigen Brunnen im Hof des Palais, der noch im 15. Jahrhundert gebaut worden war. Wenn das Wasser nicht ausreichte, wurde es in Fässern auf Wagen zur Burg gebracht, was immer mit grossen finanziellen Ausgaben verbunden war. Aus dem Jahre 1598 stammt der Bericht, wonach ein gewisser Anabaptist (Habaner), von Beruf Zimmermann, vorschlug, für 400 Gulden einen Burgbrunnen zu bauen, eine „kostbare Einrichtung, so dass es möglich sein wird, daraus genügend Wasser zu schöpfen". Es ist möglich, dass diese Einrichtung erbaut wurde und es jene war, welche Giovanni Pieroni in seinem Bericht aus dem Jahre 1642 erwähnt.

Ausser dem Palais sind nur wenige Beweise über die Bautätigkeit im 16. Jahrhundert erhalten geblieben. Das Areal war von einem gothischen Wall umgeben, welcher auf dem steilsten, dem südlichen Hang nicht vollständig, aber mit einer Palisade aus zugespitzten Pfählen kombiniert war. Ein Bestandteil der Umfassungsbefestigung war auch die sieben Meter breite westliche Mauer des Palais, im ersten Stock mit Kammern in Mauerbreite für die Schützen. Im nordwestlichen Teil des Areals waren Holzhäuser. Sie dienten vielleicht als Ubikationen der Burgwache, welche in diesem Raum (unter unveränderten Bedingungen) bis zur Mitte des 18. Jahrhunderts wohnte. Unklar ist die Lage des „alten runden Turmes", welcher irgendwo „zur linken Seite beim Eingang in die Burg" (d. h. zum Palast- Anmerkung des Autors) stand. Im Jahre 1577 wurden die Mauern und die Bedachung des Turmes, welche in desolatem Zustand waren, ausgebessert. Zeitgenössische Gravierungen zeigen, dass auch weitere Objekte des Areals vernachlässigt und verwahrlost waren. Das östliche Eintrittstor z.B. hatte kein Dach und ein Teil seines Walls war zerstört. Das westliche Eintrittstor war niedergerissen und an seiner Stelle (teilweise

auch auf seiner Grundlage) wurde im Jahre 1582 ein grosses Zeughaus gebaut. Bis dahin hatte ein „Pulverturm" seine Aufgabe teilweise erfüllt, welcher zwar nicht genauer lokalisiert war, aber er konnte der erwähnte runde Turm gewesen sein, welcher im Jahre 1577 repariert worden war. Nach den Inventaren vom Ende des 16. Jahrhunderts befanden sich auf der Burg 10–13 verschiedene leichte, mittelschwere und schwere Kanonen, einschliesslich von Haubitzen und Mörsern. Die Kanonenkugeln waren aus Stein und Eisen, die Kanonen aus Messing und Eisen. Sie waren an den Wällen und Toren aufgestellt. Wie die Kämpfe am Anfang des 17. Jahrhunderts zeigten, war die Zahl dieser Waffen ungenügend, weshalb gerade aus diesem Grunde die Verteidigung der Burg versagte. Von Handwaffen gab es hier haupsächlich Hakenbüchsen und Musketen mit Blei- und Eisenkugeln. Handwaffen gab es ungefähr 100–200 Stück, der

32 Porträt des Pietro Ferrabosco auf einer Medaille von Antonio Abbondio um das Jahr 1580

Vorrat an Munition (ausser Pulver) betrug einige zehntausend Stück. Ausser diesen Waffen wurden im Zeughaus Panzer, Picken und Hallebarden, Schiesspulver, Material zur Erzeugung von Kugeln und Feuergeschossen (Werg, Pech, Öl und Schwefel), Genie- und Zimmermannwerkzeuge, aufbewahrt. In der Nähe des Zeughauses war eine Schmiede mit den verschiedensten Werkzeugen, einschliesslich Einrichtungen zum Schmelzen von Metallen und Giessen der Kugeln. Für das Zeughaus und die Ausrüstung der Burg war der Waffenmeister verantwortlich.

Im Renaissance-Palais entstanden nach und nach Schäden, welche der Bericht aus dem Jahre 1616 charakterisiert: „... Dem mit Gemälden geschmückten Palais der Bratislavaer Burg droht wegen der Abnützung der Deckenbalken Einsturz". Der Hauptgrund war, dass man für die Deckenbalken wegen grosser Eile und aus Nachlässigkeit ungenügend getrockne-

33 Der unterirdische Renaissance Raum des Burgbrunnens

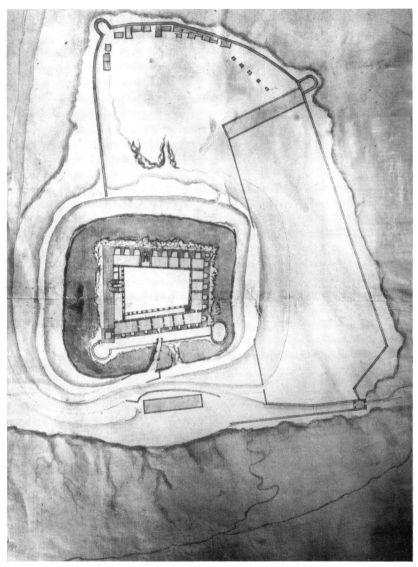

34 Situationsplan der Burg aus dem Jahre 1642 von G. Pieroni

tes Holz verwendet hatte, welches im Laufe von 50 Jahren unter der Lage von Anwurf, Putz und Stukkatur vermoderte.

Schäden an den Dächern richteten Stürme und Blitz an, weitere die Artillerie des kaiserlichen Heeres, welches die durch Gabriel Bethlen besetzte Burg belagerte. Reparaturen und der Umbau der Burg waren unvermeidlich.

Die Beurteilung der nötigen Adaptierungen, die Zeichnungen und das Modell führte der hervorragende Wiener kaiserliche Architekt Giovanni Battista Carlone aus. Nach seinem Projekt wurde wahrscheinlich, vom Jahre 1616 an, das Burgpalais umgebaut. Nach 18 Jahren, als für den groben Bau und die Reparaturen einiger weiterer Objekte schon 24 000 Gulden ausgegeben waren, beklagte sich der Graf Paul Pálfi (Kapitän der Burg und Gauvorsteher des Bratislavaer Komitates), dass es manchen Leuten schien, dass wenig ausgeführt worden wäre. Und die Burg war noch immer nicht fertig, die Kosten der Beendigung wurden auf wenigstens 14 000 Gulden geschätzt, dabei erschien auch das wenig, denn ausser einer grossen Menge Material musste man viele Handwerker nicht nur bezahlen, aber auch nähren. Einen grossen Posten stellte auch der Transport des Materials auf Wagen, Schiffen u.s.w. und das Futter für die Zugtiere vor. Der Grossteil des Materials wurde nicht nur in Bratislava eingekauft (Ziegel, Dachbedeckung, Eisenerzeugnisse, Seile), aber auch in Wien, ja sogar in entfernteren österreichischen Städten, auch über dem Fluss Enns (Holz, Kalk, Eisenerzeugnisse), Banská Bystrica lieferte Kupfer. Sand und Steine förderten Bratislavaer Taucher direkt aus der Donau. Auch Material aus den beschädigten oder niedergerissenen Teilen der Burg diente von neuem als Baumaterial. Nicht nur im Burgpalais, aber auch in weiteren Objekten der Burg, finden wir bis zum heutigen Tag verschiedene ältere Artikel aus Stein (manche auch aus der Gothik), welche zusammen mit den Ziegelbruchstücken und den zusammengescharten Steinen als Maurermaterial verwendet worden waren. Wertloses gemischtes Material wurde vor allem für einige Nebengebäude im Areal verwendet, zu Reparaturen, in die Grundmauern u.ä. In den Resten dieser Bauten stellten wir eine niedrigere Qualität der Maurerarbeiten im 17. Jahrhundert fest (z.B. im Vergleich mit dem Mittelalter): das Gemäuer ist schütter gelegt, mit schwach haftendem Mörtel verbunden.

Im Jahre 1635 legte Paul Pálfi (damals schon Vorsitzender der ungarischen Kammer – des höchsten Wirtschaftsorgans des Landes) dem Landtag die Frage der weiteren Finanzierung der Reparaturen und des Umbaus der Burg vor. Die Stände erklärten, dass die Beendigung der Burg nötig wäre, und betrauten Pálfi auch weiterhin mit dem Leiten der Arbeiten. Kaiser Ferdinand II. (1619–1637) entschied, dass die Finanzmittel so wie bisher sichergestellt werden müssten – von den Steuern der freien königlichen Städte Ungarns- und verlangte gleichzeitig, dass die Burg bis zum nächsten Landtag fertiggestellt sein sollte. So lag die Hauptlast der Sicherung des Baus wieder auf den Schultern der Kammer und ihres Vorsitzenden. Graf Pálfi wusste aus Erfahrung, dass er sich nicht auf einen regelmässigen Zufluss der Finanzen aus den Steuern verlassen konnte, weil die Wirtschaft des Landes wegen der Kriege (gegen die Türken, gegen den Aufstand der Stände) und anderer Begleiterscheinungen der Stagnation erschöpft war. Die Steuern genügten nicht einmal zum Decken auch nur der ständig wachsenden Staatsausgaben zur Verteidigung des Landes. Die Erneuerung der Bratislavaer Burg gehörte zwar zu den dringenden Tätigkeiten von Staatsbedeutung, aber solcher gab es viele. Deshalb widmete Graf Pálfi auch einen Teil seines eigenen riesigen Vermögens, dessen Grundlagen noch von seinem Vater stammten, für die Beendigung der Burg. (Sein Vater hatte durch seine Verdienste in den Kriegen gegen die Türken, durch geschickte Politik der Loyalität gegenüber dem Herrscher, aber auch durch vorteilhafte Heiraten, ein solches Vermögen erworben, dass er der reichste Würdenträger Ungarns wurde. In seinen Spuren, folgte einer seiner Söhne, Paul.)

Paul Pálfi setzte auf seinen Gütern vor allem die Erzeugung des wichtigsten Baumaterials, ja sogar Glases, in Bewegung und versah damit nicht nur den Bau der Burg, sondern auch seine eigenen zahlreichen privaten Bauten. Die Verrechnungen waren strikt voneinander getrennt, obzwar die meisten der Bratislavaer Bauten von denselben Meistern und Buchhaltern geleitet wurden. Von seinen Gütern lieferte er auch Lebensmittel und Futter für die Zugtiere, was einerseits den Verbrauch deckte, anderseits so ein Teil der Löhne der Bauarbeiter und Angestellten bestritten wurde. So eine Aushilfe leistete Pálfi dem Kaiser nicht uneigennützig, aber als eine sichere Anleihe, welche ihm der Kaiser, resp. der Staat später bezahlen sollte. Auch im Verlauf der Bauarbeiten sicherte er sich verschiedene Vorteile und Rechte, z.B. alle Lieferungen von Material und Vorräten für die Burg waren während des Baues bei der Durchfahrt durch Bratislava und später auch beim Überschreiten der österreichischen Grenze maut- und zollfrei. Aber trotzdem Pálfis Beitrag zum Bau der Burg gross war und zusammen mit den Mitteln der ungarischen Kammer jährlich einige tausend Gulden verschlang, stagnierten die Arbeiten oft und die Arbeiter beklagten sich, dass sie keinen Lohn bekamen.

Als Ergebnis von Carlones Projekt gewann das Palais ein Aussehen, das auch trotz des späteren Umbaus im 18. Jahrhundert im Wesentlichen bis heute erhalten blieb. Der bis dahin minderwertige nördliche und westliche Flügel wurde neu erbaut und alle vier Flügel des Palais bekamen im Überbau ein drittes Stockwerk in der gegenwärtigen Höhe. Die Flügel hatten je einen Trakt. Zum Verbessern der Komunikation wurde dem südlichen und westlichen Flügel in allen Stockwerken ein Korridortrakt angebaut, welcher im Erdgeschoss die Form offener bogenförmiger Arkaden hatte. In den umgebauten nördlichen und westlichen Flügel wurden neue, geräumige Treppen in Hufeisenform situiert, von welchen die nördliche im 20. Jahrhundert rekonstruiert wurde. Ausser den Haupttreppen wurden auch einige Seitentreppen gebaut, zum Grossteil Wendeltreppen. Die Zahl der Türme wurde auf vier erhöht – es entstand ein südöstlicher und ein nordwestlicher Turm. Die Gliederung der Türme durch Pilaster, Simse und dreieckige Tympana gibt uns heute teilweise ein Bild des nüchternen architektonischen Gefühls G. B. Carlones. Die Dächer des Palais waren, wie auch heute, sattelförmig, aber erheblich höher und darauf die Kamine der vielen Öfen. Die Dachhäute waren aus gebranntem Material. Von den Fassaden schloss Carlone alle älteren Ausbauten und Erker aus (das Ballhaus, der Renaissance-Eingang mit dem Turm, der Erker der früheren Kapelle auf der östlichen Fassade wurden niedergeris-

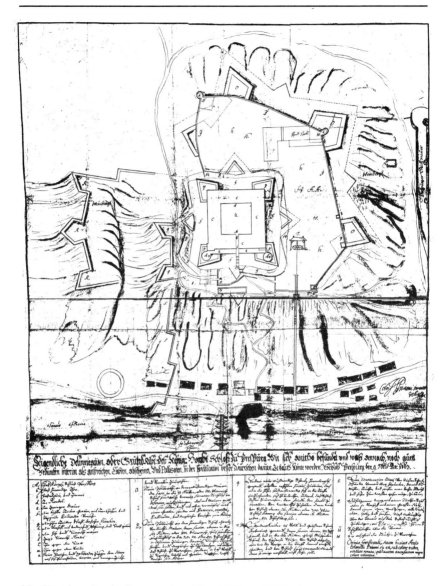

35 Situationsplan der Burg aus dem Jahre 1663 von J. Priami

sen) und unterordnete das Aussehen der Fassaden und die innere Disposition nach Möglichkeit den Prinzipien regelmässiger symmetrischer Gliederung, was damals zu den Forderungen qualitätsgerechter Architektur gehörte. Die Ecken der Fassaden betonte er mit weissen quadrierten Sgraffitos, der Putz war von naturgetreuer Sandfarbe und der Anstrich der steinernen Wandfutter wird in Weiss oder Grauweiss vorausgesetzt. Der Haupteingang in das Palais wurde aus seiner exzentrischen Lage an der Seite der Hauptfassade wieder in ihre Mitte zurückverlegt, wo er schon zur Zeit der Gotik lag. Zu ihm führte über den Burggraben eine Holzbrücke auf gemauerten Pfeilern, von denen zwei älter-gotisch und zwei neu erbaut waren.

36 Die Bratislavaer Burg vom Süden (von der Donau aus) gesehen, Zustand nach dem Pálfi-schen Umbau im 17. Jahrhundert, Gravierung von A. Kaltschmied nach A. Mikovíni, 1732

Der mittelalterliche Burggraben blieb als wichtiger Bestandteil der Verteidigung des Palastes erhalten und der Palast behielt auch weiter seinen Festungscharakter mit den breiten Mauern, hoch placierten Fenstern und seiner architektonischen Lösung ohne überflüssige Verzierungen. Aber die Vorstellung, dass, im Falle einer Bewältigung der Wälle durch einen Feind, der Palast als uneinnehmbares Bollwerk trotzen sollte, war schon anfangs des 17. Jahrhunderts veraltet. Der Palast konnte einem Beschiessen der Artillerie aus unmittelbarer Nähe nicht standhalten, was auch in den Kämpfen der Kaiserlichen gegen Bethlens Anhänger im Jahre 1619 seine schwere Beschädigung zur Folge hatte. Deshalb begann man auch kurz danach die Befestigung der Burg zu vervollkommnen.

Das Burgleben spielte sich hauptsächlich im Palais ab. Ausser ihm war

37 Die Bratislavaer Burg, Zustand nach dem Pálfi-schen Umbau im 17. Jahrhundert, Gravierung von A. Kaltschmied nach A. Mikovíni, 1732

das Areal der Burg innerhalb der alten mittelalterlichen Wälle in Unordnung. Da waren die Zufahrten von den Burgtoren zum Palais, hier und dort eine Scheune oder ein Verteidigungsprovisorium, und unter dem südlichen Hang das gemauerte Objekt des Zeughauses und des Pulverlagers, das noch aus dem letzten Drittel des 16. Jahrhunderts stammte. Der Hof des Palais war im Vergleich mit dem früheren Niveau um etwas mehr als einen Meter erhöht worden und blieb so bis heute. In den Halbsouterrains (nach dem Erhöhen in den Souterrains) des nördlichen und westlichem Flügels befanden sich auch weiterhin die Küchen und Vorratskammern, das Erdgeschoss war hauptsächlich für die Burgwache reserviert. Im ersten Stock des südlichen, östlichen und teilweise des nördlichen Flügels waren zusammen 17 Repräsentations- und Privatgemächer des Königs und der Königin. Als Ersatz für die im südlichen Flügel geschlossene Kapelle wurde im nördlichen Flügel eine neue errichtet, wo sie blieb (heute ist dort der Musiksaal). Der König nahm am Gottesdienst im Oratorium, welches im Westflügel lag, und sich zur Kapelle durch ein breites Fenster oder Bogen öffnete, teil. Aus seiner im Südflügel gelegenen Wohnung war das Oratorium durch einen Korridor im Neubau des Westflügels, wo auch die neue hufeisenförmige Haupttreppe situiert war, bequem zu erreichen. Im Parterre der Kapelle nahmen an den Gottesdiensten die übrigen Hofwürdenträger und Burgangestellten teil. Den zweiten Stock des Palais bewohnte, nach dem Brauch des Wiener Kaiserhofes, der Bruder des Herrschers, der Erzherzog, jener, dem der Rang eines Statthalters des ungarischen Königreiches zugefallen war. Für die Hofleute, das Personal und das Amt des Bratislavaer Gaus war der dritte Stock reserviert. Das übrige Personal, unter ihnen auch der persönliche Leibarzt des Königs, bewohnte eine Etage des grossen Gebäudes, welches sich in rechtem Winkel an den östlichen Wall anschloss. Im Erdgeschoss dieses Gebäudes war der Pferdestall.

Seit dem Jahre 1635 wurde das Dach und die Zimmerdecken konstruiert und innere Arbeiten ausgeführt. Gleichzeitig begannen die Arbeiten um das Palais. Wir kennen die Namen einiger Mitarbeiter am Bau, die zu jener Zeit aufgenommen wurden. An erster Stelle ist es der Baumeister Hans Albertal, welcher aus der Region an der Grenze Italiens

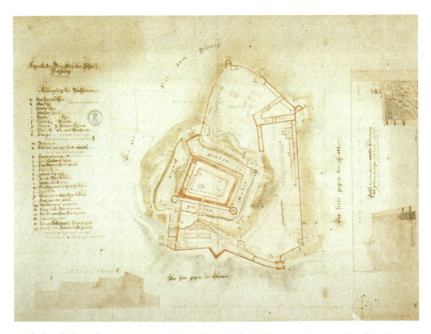

und der Schweiz stammt, welche durch viele Generationen die Quelle von Bauleuten und Künstlern für die cisalpinen Länder und die mittlere Donauebene war. Albertal leitete als Baumeister die Bauarbeiten als ein Ganzes. Es ist möglich, dass ihn G. B. Carlone empfohlen hatte, weil er auch andere Bauten Carlones in Wien und Bratislava realisierte (z.B. Pálfis Gartenpalais unter der Bratislavaer Burg). Albertal wählte zur Zusammenarbeit den Maurermeister Antonio Aquilino (seinen Landsmann) und den Steinmetzmeister Antonio Schmidt. Die Zimmermannarbeiten führte Hans Erhard aus, später Albertals bewährter Partner Simon Frauenhofer aus Wien. Hans Albertal war Baumeister der ganzen Burg, aber über seine konkrete Arbeit erfahren wir ziemlich wenig, das meiste aus seinem Bericht aus dem Jahr 1638, wo er hauptsächlich die Arbeiten ausserhalb des Palais summiert. In diesem Jahre wurde die Rekonstruktion des Zufahrtsweges

38 Der Plan der Burg aus dem Jahre 1683 von L. G. Sicha

des Palais und seine Stützmauer, weiters die Zufahrtsbrücke zur Haupteinfahrt des Palais und das Festigen der Burggrabenwand beendet. Vor der Brücke wurden Wachthäuser aufgestellt (eines davon wurde identifiziert, das Gebäude hatte einen Raum in Form eines Turmes und war wahrscheinlich mehrstöckig) und die Mauer des Zwingers, welche die Zufahrt zum Palais schützte, ausgebessert. Im südlichen Flügel des Palastes, im Raum des gewesenen Renaissance-Eingangs und über ihm arbeitete Albertal

39 Das Leopoldtor aus dem Jahre 1674

einige Räume für das Burgpersonal um und baute daran eine Treppe. Im Jahre 1640 beendete er alle Hauptarbeiten am Palastbau und auch um ihn, bekam einen Teil seines Lohns – 1500 Gulden. Den Rest (5000 Gulden) bekamen erst viel später seine Erben in Form verschiedener Ersatzeinnahmen, inclusive Naturalien und Verpachtungen. Im Palais kam die Arbeit der Tischler, Schlosser, Glaser, Ofensetzer, Stukkateure und anderer Künstler an die Reihe.

Von dem nüchternen äusseren Anblick des Palastes unterschied sich erheblich sein Interieur, besonders im ersten und zweiten Stock. Hier wurde nicht mit anspruchsvoller Ausschmückung aller Art, mit der der Herrscher repräsentieren wollte, gespart. Konkrete Erwähnungen sind nur über die Dekoration der Decken der ersten Etage erhalten geblieben, wo die Tafelmalereien Paul Juvenels und reiche gemalte und vergoldete Stukkaturen angebracht waren. Paul Juvenel, der aus Nürnberg kam, und sich in Bratislava niederliess, stellte auf Gemälden die fiktiven Tugenden des vor kurzer Zeit verstorbenen Kaisers Ferdinand II. nach der Schrift des kaiserlichen Beichtigers – des Jesuiten Lamormais – dar. Der Zyklus glich einem Credo eines idealen habsburgischen Herrschers. Diese Gemälde sollten den ungarischen Ständen, welche zur Zeit des Landtags auf die Burg kamen, und für ihre Opposition gegen den Absolutismus der Habsburger und gegen die Gegenreformation bekannt waren, als politische Propaganda dienen. Auch die Räume der zweiten Etage hatten reich verzierte Decken und mit Tapeten belegte Wände. Ausser den Deckengemälden beteiligte sich Paul Juvenel wahrscheinlich auch am Malen, Vergolden und Versilbern der Stukkatur und anderer Verzierungen. Zur Dekoration der Räume trugen auch die Kachelöfen, welche zum Grossteil die älteren, schwach wärmespendenden Kamine ersetzten, bei. Viele Öfen hatten ein anspruchsvolles ornamentales und figurales Dekor (sie stellten z.B. verschiedene christliche Tugenden allegorisch dar), waren mit grüner oder bunter Glasur versehen, einige waren aus Österreich gebracht.

Den Wunsch des Kaisers vom Jahre 1641, das Palais sollte binnen einem Jahr fertig und bewohnbar sein, gelang es aber nicht zu erfüllen. Allein das Verglasen der Fenster mit kleinen, in Blei eingesetzten Glasscheiben dauerte drei Jahre und ebensolange die Erzeugung von

40 Eine Ofenkachel und eine schildförmige Abschlusskachel aus der Zeit um das Jahr 1644. Rekonstruktion A. Leixner

Schlössern und dekorativen Beschlägen, welche der Bratislavaer Schlosser- und Büchsenmeister des Hofes Kristof Aschböck erzeugte. Auf einer erhaltenen Ofenkachel ist das Jahr 1644 vermerkt, das ist das Datum, an dem der Ofen frühestens erzeugt und aufgestellt werden konnte.

Wir können voraussetzen, dass während des wichtigen Landtags im Jahre 1646, als der Sohn Ferdinands III. in Bratislava zum ungarischen König als Ferdinand IV. gekrönt werden sollte, der Kaiser mit seiner Suite in dem beinahe ganz fertigen Palais untergebracht war.

Am Landtag im Jahre 1649 stimmten die Stände ab, dass „der erlauchteste Herr Graf Paul Pálfi von Erdöd, Palatin des ungarischen Königreiches, zur gänzlichen Zufriedenheit aller, alle Einkünfte des Königreiches, welche ihm anvertraut waren, und welche er hauptsächlich für den Umbau der Bratislavaer Burg eingesetzt hatte, verrechnet hat". Die kaiserliche Belohnung dafür erhielt Pálfi im Jahre 1650 durch die Ernennung zum lebenslänglichen Kapitän der Bratislavaer Burg, Gauvorsteher des Bratislavaer Komitats und Nutzniesser der Burg (welche aber dauernd im Besitz der Krone blieb). Im Jahre 1651 endlich erteilte der Kaiser die Ämter wie auch den Grafentitel den Pálfis erblich. Die Refundation der Ausgaben, die Pálfi für den Umbau der Burg aus seinen eigenen Mitteln angewandt hatte, erlebte er aber nicht. Er starb im Jahre 1653 während der Revision der Rechnungen des Burgbaus, welche der Kaiser angeordnet hatte, und welche die wirkliche Summe von Pálfis finanziellen Forderungen beweisen sollte. Die Revisoren errechneten die totale Summe der Ausgaben für den Bau der Burg mit 198 143 Gulden 46 3/4 Denaren und davon sollten 57 727 Gulden und 87 3/4 Denaren die Forderungen des Grafen Pálfi vorstellen, die ihm − nach der Zustimmung des Kaisers − aus den staatlichen Finanzen refundiert werden sollten. Da es nicht gelang, einen Teil der geforderten Summe mit Originaldokumenten, welche inzwischen verlorengegangen waren, zu belegen, zögerte die Wiener Hofkammer, den Revisionsbericht dem Kaiser vorzulegen. Endlich „vergass" sie daran wegen eines neuen unerwarteten Problems: die neuen Zimmerdecken drohten im Jahre 1653 zu havarieren.

Vorschläge für ein Provisorium oder teilweise Reparaturen erwiesen sich als ausser Frage, als festgestellt wurde, dass die Balkenköpfe der

41 A. Schmidt: Porträt des Palatins Paul Pálfi, Kopie aus dem 18. Jahrhundert, nach einem verlorengegangenen Original aus dem 17. Jahrhundert

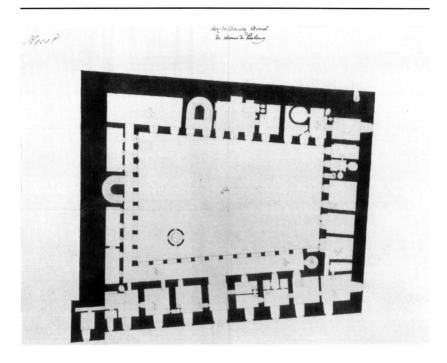

Decken vermordert waren (der Grund dafür war von neuem die Verwendung ungenügend ausgetrockneten Holzes), und die Spannung der Decken auch das Abfallen der massiven Stukkatur hervorrief. Wie der Bericht über die Inspektion lautete „im Palast ist niemand seines Lebens sicher". Ausserdem beschädigte ein Sturm die Dächer sehr stark, nicht nur die Dachhäute, aber auch den Dachstuhl. Die Berechnung dieser Reparaturen, trotz der Voraussetzungen aller möglichen Ersparnisse, betrugen 20 000 Gulden. Alle Decken des Palais ausser dem Erdgeschoss, wo gewölbte Decken waren, mussten ausgewechselt werden und damit wurde auch ihre prächtige Dekoration zugrundegerichtet. Nur die Gemälde Paul Juvenels mit der Darstellung der Tugenden Ferdinands II. wurden an den Decken der ersten Etage von neuem verwendet. Man gedachte, die weitere

42 Das Erdgeschoss des Palais nach dem Pálfi-schen Umbau. Unbekannter Zeichner um das Jahr 1740

Dekoration zu vereinfachen, die Gemälde nur mit einfachen Holzleisten mit vergoldeten Knöpfen einzurahmen. Ob es so geschah, wissen wir heute nicht, weil eine spätere Erwähnung Matej Béls aus dem Jahre 1734 hauptsächlich von Gemälden spricht und die anderen Tatsachen bezüglich der Decken fast nicht erwähnt. Er sagt, dass auch die Decken in den höheren Etagen reich bemalt waren.

Reparaturbedürftig war auch die Brücke über dem Graben des Palais, weil „solange das nicht geschieht, wird nicht einmal die Zufuhr von Baumaterial zur Burg (zum Palast) sicher sein".

Während die Arbeit am Palast unter den gewohnten schweren materiellen und finanziellen Schwierigkeiten vorbereitet wurde, um dann lange Jahre nur langsam fortgesetzt zu werden, entbrannte im Jahre 1663

43   Siegel und Unterschriften von Paul Pálfi und Hans Albertal

wieder ein offener Krieg mit den Türken. Sie zogen in der Richtung Oberungarn – in die Slowakei – und im bedrohten Umkreis lag auch Bratislava. Dieser Umstand zwang dazu, die Arbeiten an der Bratislavaer Burg hauptsächlich auf die Vervollkommnung der Verteidigung zu lenken.

Elemente neuzeitlicher Befestigung für eine Verteidigung mittels Kanonen wurden schon teilweise in der ersten Hälfte des 17. Jahrhunderts angewandt. Da war die Terrasse, welche vor der südlichen Hauptfassade des Palais erbaut worden war, an ihrem Rande mit Rundtürmen für Kanonen. Weiters war da die spitzförmige Kanonenbastion, welche gegen den westlichen Zugang zum Palast gerichtet war. Westlich vom Burgareal war ein vorgeschobenes Hornwerk, welches es dem Angreifer durch Artilleriefeuer unmöglich machen sollte, von der am leichtesten zugänglichen Seite in die Nähe der Burg zu gelangen. Diese Umstände erwähnt der kaiserliche Heeresinspektor Giovanni Pieroni und zeichnete sie auch teilweise im Situationsplan aus dem Jahre 1642 ein. Er fügte auch das Waffeninventar (ungefähr 17 Stück leichte Kanonen), welches er für ungenügend hielt, bei, und schlug vor, es vor allem mit schwereren Kanonen zu ergänzen. Pieroni stellte auch fest, dass ein Teil der Munition und des Pulvers im zweiten Stock des Kronenturms eingelagert war, was hinsichtlich der Möglichkeit einer Explosion gefährlich war, und verlangte, diese Munition augenblicklich aus dem Palast zu entfernen. Ein genügender Wasservorrat gehörte immer zu den grundlegenden Bedingungen der Verteidigung jeder Festung, deshalb beschäftigte sich Pieroni in seinem Inspektionsbericht auch mit dieser Frage. Er konstatierte, dass der alte mittelalterliche Brunnen in Ordnung war und genug Wasser lieferte. Der Brunnen befand sich (nach dem Erhöhen des Hofes) im Raum unter dem Hof, wo auch eine grosse mechanische Einrichtung zum Schöpfen des Wassers untergebracht war. Auf den Hof wurde das Wasser durch einen einfachen Mechanismus gezogen, welchen drei Männer bedienten, die in einer Stunde 12 Eimer Wasser (ein Eimer = ungefähr 60 Liter) förderten. Pieroni empfahl näher nicht bestimmte Eingriffe für die Fördermechanismen einschliesslich des Antriebs durch Zugtiere, womit die Geschwindigkeit des Schöpfens ungefähr um ein Drittel erhöht würde. Er schlug auch vor, am Hof eine Zisterne zum Auffangen von Regenwasser aufzustellen. Später wurde die Zisterne errichtet.

Im Jahre 1663 leitete die Befestigungsarbeiten auf der Burg und in der Stadt der Militäringenieur Oberst Josef Priami, der am Hofkriegsrat des Wiener Hofes wirkte. Priamis vorläufige Skizze der Burgbefestigungen aus dem Jahre 1663 besagt, dass er die Prinzipien der modernen Bastionbefestigung verwendet hat, zwar nicht als komplette Befestigung, welche die ganze Burg umgibt, aber mit Rücksicht auf die Bedingungen des Terrains und die Anforderungen der Verteidigung, ihre Elemente. Er beliess Pieronis westliches vorgeschobenes Hornwerk, aber seine einfache Bastion vor dem Palais verschob und vergrösserte er. In die vorgeschobenen Verteidigungslinien einverleibte er auch das Suburbium mit dem Hafen und der Schiffsbrücke und das linke Ufer der Donau, wo er den Brückenkopf zu befestigen plante. Die alte gothische Befestigung der Burg verstärkte er durch breite Kanonenbastione. In der Schussrichtung dieser Bastione wollte er eine nackte Ebene haben, welche den Angreifern keine Deckung verleihen würde, deshalb forderte er das Niederreissen der Bratislavaer Vorstädte, aber das erlaubten die Bürger nicht. Die Gravierungen der Künstler, welche die Befestigungen als Bollwerk gegen die Türken popularisieren wollten, haben sie zu einem symmetrischen Stern vereinfacht, der mit der Wirklichkeit nichts gemein hatte, und so wurde Priamis Idee deformiert. Es wird auch vorausgesetzt, dass Priamis Projekt nicht ganz verwirklicht wurde, weil sich schon nach einem Jahr die militärische Lage geändert hatte und sich Bratislava ausserhalb der Gefahrenzone befand. Im Jahre 1672 plante der Kommandant der Burg, General Pietro Strozzi, die Burg nach eigenen Plänen durch eine neue, kompaktere sternförmige Befestigung zu sichern, aber der Plan erwies sich wegen des stark gegliederten steinigen Terrains als ungeeignet. Und so wurde nur ein Abschnitt des südlichen Walls mit zwei Bastionen, von denen in der westlichen gleichzeitig ein neues, nach dem Kaiser Leopold I. benanntes, Tor mit dem Datum 1674 entstand, erbaut. Zu Priamis Bastion vor dem Palais wurde ein Gegenstück im Spiegelbild erbaut, so dass der westliche Zufahrtsweg zum Palast von beiden Seiten geschützt war. An der nordwestlichen Ecke des Palais wurde eine weitere zugespitzte Bastion erbaut. Alle Bastione und auch die Wallabschnitte zwischen ihnen hatten Terrassen zum Aufstellen der Kanonen und der Schützen mit Handwaffen und so, zusammen mit den vorgeschobenen Linien, war die Burg vom Süden und Westen genug effektiv geschützt. Die nördliche und östliche Seite der Burg wurde nicht so gründlich befestigt, weil sich unter der Burg die Stadt ausbreitete. Aber auch hier rechnete man für den Notfall mit der Möglichkeit in der Eile Feldpositionen für die Kanonen zu errichten.

Alle Fortifikationsarbeiten auf der Burg waren durch die Wiederaufnahme der türkischen Kriegszüge hervorgerufen. Die Festigungsarbeiten nahmen ihre Fortsetzung und gipfelten vor dem kritischen Jahr 1683 — dem Jahr der Belagerung Wiens durch die Türken — als auch Bratislava eine zeitlang akut bedroht war. Im Jahre 1683 zog ein 20 000 Kämpfer zählendes Türken - und Kurutzheer gegen Bratislava und wollte hier die Donau überschreiten und sich den Belagerern Wiens anschliessen. Die Kurutzen Thökölys besetzten die Stadt und die kleine kaiserliche Besatzung hielt nur noch die Burg. Die befestigte Burg, bereit zur Verteidigung, stellt der Plan des Geometers Lukas Georg Sicha aus dem Jahre 1683 dar. Neue Schützengräbensysteme, Palisaden, ja auch weitere Bastione, mit denen die Befestigung komplettiert war, waren zumeist feldmässig aus Balken, Ruten und Erde gebaut, was aber ihren Verteidigungswert nicht minderte, sie wiederspiegelten die praktischen Erfahrungen der Festungen und Schlachtfelder in den südlichen Ländern Ungarns, wo sich die Kampftechnik unmittelbar entwickelt hatte. Der Projektant dieser Vorkehrungen ist unbekannt. Die Genauigkeit und detaillierte Darstellung macht Sichas Plan zu einem wertvollen historischen Dokument. Die Absichten der Türken-Kurutz Koalition vereitelte der kaiserliche Herzog Karl von Lothringen, welcher auf schnellem Marsche mit seinem Heer nach Bratislava zog und in der Schlacht vom 29. September den Feind besiegte und in die Flucht jagte. Das war gleichzeitig das Ende der aufständischen Truppen von Imrich Thököly. Dieses Ereignis wurde später auf einem Gobelin einer Reihe von 19 in Nancy in den Jahren 1709—1718 gewebten Gobelins mit historischen Kampfszenen, die auf Antrieb des Sohnes Karls von Lothringen, der so die Kriegstaten seines berühmten Vaters verewigen wollte, dargestellt. Heute sind diese Gobelins im Besitz des Kunsthistorischen Museums in Wien.

Im Jahre 1683 erlitten die Türken bei Wien ihre entscheidende Niederlage und kurz danach wurden sie zum Rückzug aus dem ganzen ungarischen Königsreich gezwungen. Die befestigte Bratislavaer Burg wurde vor allem zur Aufbewahrungsstätte der ungarischen Kronjuwelen, deren symbolische Bedeutung unermesslich war. Auf der Burg fanden weiterhin die Eröffnungs- und Schlussitzungen der Landtage und ein Teil der Krönungsfeiern statt, sie diente auch als Sitz des Königs gelegentlich seiner Besuche in Bratislava. Ausser diesen besonderen Gelegenheiten war sie auch von der Wache der Kronjuwelen, die 60, später 100 Mann zählte, und von der Burggarnison bewohnt und hier hatte auch das Bratislavaer Komitat seinen Sitz. Der Aufrechterhaltung der Burg wurde nur vor dem Landtag oder einem anderen Ereignis grössere Aufmerksamkeit geschenkt. Dann wurde die Burg aufgeräumt, ausgefegt, verschiedene Reparaturen gemacht, Vorräte, Heizmaterial und manchmal auch verschiedene Einrichtungsgegenstände, von den Bürgern ausgeliehen, gebracht. Ungefähr in der Gestalt, wie sie das Ende des 17. Jahrhunderts zurückliess, verblieb die Burg bis zur Besteigung des ungarischen Throns durch Maria Theresia im Jahre 1741.

Die Barockresidenz

Am Anfang des 18. Jahrhunderts investierte der Staat in die Burg nur soviel, wie für ihre Instandhaltung und die Erhaltung der Wache der Kronjuwelen unumgänglich war. Im Jahre 1703 wurden 200 Leute und Material für die Reparatur der Burgbefestigung verlangt. Bei den Wällen neben der Bastion Luginsland wurden neue Kasernen erbaut, in der Bastion wurde eine Mühle zum Mahlen von Pulver errichtet. Für die Offiziere wurden kleine Häuser längs des Zufahrtweges vom östlich gelegenen Sigmundtor gebaut. Auch das gewesene Zeughaus wurde als Kaserne eingerichtet. Wegen der grossen Ständeunruhen hatte die Frage der Verteidigung der Burg noch nicht an Wichtigkeit verloren. Um das Jahr 1712 kam es zum Umbau des Verteidigungssystems des westlichen Zwingers. Anstatt des älteren stark vorgeschobenen Hornwerks, mit welchem die Verteidiger im Falle einer Belagerung nur schwer die Verbindung aufrechterhalten hätten, wurde vor der westlichen Fassade des Palais ein Zwinger mit hohen Steinmauern gebaut. Durch Anhäufen von Erde in der Höhe von über acht Metern wurde hier eine ebene Terrasse errichtet. Längs der Mauern rechnete man wahrscheinlich mit dem Aufstellen von Kanonen. Am südwestlichen Ende der Terrasse wurde gelegentlich der Krönung und des feierlichen Einzugs des neuen ungarischen Königs und römischen Kaisers Karl VI. in die Burg ein neues Tor gebaut. Das Tor hatte eine niedrigere Attika als heute, in ihrem Tympanon war das Habsburger Wappen und in dem Fries eine kurze Gedenkaufschrift angebracht. Diese Details haben sich schon nicht erhalten. Seit diesem Tag diente das Karlstor, später Wiener Tor genannt, als Haupteingang zur Burg.

Wie der berühmte Wissenschaftler und Historiker Matthias Bél im

Jahre 1732 schreibt, erfolgte der Eintritt in die Burg zu jener Zeit noch über eine Fallbrücke über dem Graben. Das Aussehen des Palais war das gleiche, wie es der Umbau Pálfis in der Mitte des 17. Jahrhunderts zurückgelassen hatte. Matthias Bél beschrieb hauptsächlich den Gemäldezyklus zur Verherrlichung Ferdinands II. in der ersten Etage sehr ausführlich, erwähnte das Zeughaus, welches sich im nördlichen Flügel im Erdgeschoss unter der Kapelle befand, erinnerte an die grosse Menge dort untergebrachter zeitgenössischer und historischer Kriegsausrüstung, darunter hauptsächlich an die wertvollen Rüstungen von Matthias Korvin und Karl V. aus vergoldeten Lamellen. Die Korridore des südlichen Flügels waren damals schon zu Wohnräumen aufgeteilt. Die Situation des Erdgeschosses zeigt ein Grundriss aus der Zeit vor dem theresianischen Umbau.

Bei ihrem Thronantritt (die Krönung fand im Dom des heiligen Martin im Jahre 1741 statt) hatte Maria Theresia (1740–1780) den ungarischen Ständen versprochen, als Herrscherin von Zeit zu Zeit in Ungarn zu residieren. Das war der Grund, weshalb man einen Umbau der Bratislavaer Burg entsprechend den modernen Ansprüchen auf Komfort und Repräsentation, welche sich im Vergleich mit den Ansprüchen vor 100 Jahren sehr verändert hatten, zu erwägen begann. (Aus demselben Grund schritt man auch zum Umbau der Burg in Budín – diese war überdies durch die Türkenherrschaft völlig zugrundegerichtet.)

Der prinzipielle Umbau des Burgpalastes musste aber um eine lange Zeit verzögert werden, weil im Verlaufe von zwanzig Jahren vor allem die militärische Verteidigung des Habsburger Dominions als Ganzes finanziert wurde (1741–1748 der Krieg um die Erhaltung der Habsburger niederländischen Provinzen, 1756–1763 der Krieg gegen Preussen). Deshalb wurde hauptsächlich an der Ausstattung der Interieure nach zeitgenössischem Geschmack und zum Verbessern der Wohnbedingungen gearbeitet. Die Möbel für das Palais erzeugte der Bratislavaer Leopold Weninger, die Tapeziererarbeiten der königliche leitende Tapezierer Johann Georg Spenkuch. Die Arbeiten an den Interieuren wurden beschleunigt, damit sie bis zum Landtag im Jahre 1751 fertig seien. Im Jahre 1743 gab Maria Theresia den Auftrag, in der Kapelle einen neuen Altar zu errichten und

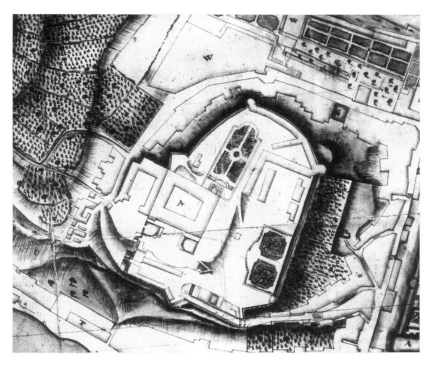

einen Marmorfussboden zu legen. Das betrifft wahrscheinlich den seitlichen Altar mit der Huldigung der drei Könige, während der Hauptaltar des heiligen Stefan und der Seitenaltar des heiligen Emmerich noch das Werk des Malers Kristian Knerr (Knörr) aus dem Jahre 1640 waren. Damit man aus dem Nordflügel in den westlichen nicht durch die Kapelle oder durch den Hof gehen müsste, liess sie auf der Hoffassade dieser Flügel in der

44   Die Bratislavaer Burg auf Marquarts Plan der Stadt aus dem Jahre 1764, nach der Durchführung des theresianischen Umbaus und vor dem Bau der Objekte für den Statthalter Albert von Sachsen-Teschen
45   Maria Theresia (als Witwe) zur Zeit des Umbaus der Burg. Unbekannter Maler um das Jahr 1766
46   Unterschrift von Maria Theresia

Höhe der ersten Etage einen kurzen Verbindungssöller bauen. Auch die alte Turmuhr (wir wissen nicht an welchem Turm) sollte demontiert, aufbewahrt und durch eine neue ersetzt werden. Das wurde aber nicht verwirklicht und noch im Jahre 1766 wurde die alte Uhr repariert, wofür der städtische Uhrmacher, der jeden Tag die Uhr aufziehen und einstellen musste, entlohnt wurde. Im Jahre 1743 befahl Maria Theresia die Palastküchen zu verlegen, weil der Rauch und die Ausdünstungen ihren Gemahl Franz Stefan, welcher das Appartement über ihnen bewohnte, belästigten. Weiter befahl sie dem kaiserlichen Gartenarchitekten Anton Zinner „noch einen Garten, allgemein Parterre genannt" anzulegen, und zwar auf der Nordseite, wo man das „Heyduckerstattl" niederreissen und für die Soldaten das Projekt eines neuen Gebäudes auf den nördlichen Wällen vorbereiten sollte. Der Garten wurde angelegt. Sein Ausmass und Aussehen ähnelte schon dem späteren, er war aber nur durch zwei aufeinander senkrechte Wege in vier Beete gegliedert und hatte wahrscheinlich eine traditionelle ornamentale (Broderie) Bepflanzung. Ein etwas früher angelegter kleinerer Garten befand sich auf der unteren östlichen Terrasse. In der zweiten Hälfte des 16. Jahrhunderts wurde dieser Garten durch den Einfluss der Renaissance-Kultur zum untrennbaren Teil der Herrscherresidenz. Auf Hogenbergs Gravierung der Bratislavaer Burg aus der zweiten Hälfte des 16. Jahrhunderts ist eine eingezäunte Fläche mit Bäumen, einem Garten ähnlich, am Abhang zwischen dem Palais und dem östlichen Wall dargestellt. Dann war er wahrscheinlich wegen der Errichtung der Verteidigungssysteme liquidiert worden. In der Mitte des 18. Jahrhunderts gab es schon einen kleinen Garten auf der unteren östlichen Terrasse. Er hatte zwei Beete in Broderiemuster. Der Historiker Johann Hübner behauptet im Jahre 1777, dass „der Kaiser Franz Stefan I. von Lothringen den kleinen Garten unweit des Zeughauses eigenhändig angelegt hat". Der eigenhändige Anteil an der Arbeit kann übertrieben sein, aber es ist gewiss, dass Franz Stefan sich systematisch mit Botanik beschäftigte, für den Schönbrunner Garten eine grosse Anzahl von damals fremdartigen Pflanzen besorgte und auch grosses Interesse für Pflanzenveredelung zeigte. Über die Tätigkeit am Bau und in den Interieuren hatte der Hauptarchitekt der neugegründeten Ungarischen königlichen Baukammer

J. B. Martinelli bis zu seinem Tode im Jahre 1757 die Aufsicht. Nach dem Tode Martinellis wurde in die Funktion des Hauptarchitekten der Ungarischen königlichen Baukammer Franz Anton Hillebrandt, der schon zu dieser Zeit ein bewährter Projektant des Umbaus einiger kaiserlicher Landresidenzen war, eingesetzt. In den Jahren 1761–1762 führte er auch am Projekt seines Vorgängers zum Umbau der Bratislavaer Burg Änderungen aus. Diese bildeten einen der Hauptgründe, dass er zu seiner oben erwähnten Funktion noch ein Ernennungsdekret und ständiges Gehalt bekam. Das Projekt Martinellis korrigierte er in dem Sinne, dass er die Paradetreppe näher zum südlichen Flügel schob, sie mehr gliederte und vorschlug, zu ihrer Verbreiterung die sieben Meter breite westliche Mauer des Palais auf die Hälfte abzuschlagen. Die Treppe erhielt so sehr bequeme Parameter und ein monumentales Aussehen, das im Grund bis heute erhalten blieb. In der Folge der Repräsentationsräume am ersten Stock des Südflügels liess er die ursprünglichen Querwände im Haupt- und Korridortrakt niederreissen und verengte auch hier die breite südliche Mauer um ungefähr zwei Meter. Zugleich liquidierte er aber auch die Decken mit Juvenels Gemälden, welche das vorhergehende Projekt auch um den Preis eines Widerspruchs zwischen einer symmetrischen Lösung der Hauptfassade mit dem Balkon und einem unsymmetrischen Situieren des Hauptsaals im Innern respektiert hatte. Hillebrandt gliederte den Flügel von neuem, in die Mitte situierte er den grossen Saal (Hauptsaal) mit zwei Fenstern und dem symmetrischen Eintritt zum Balkon, welcher mit seiner Breite der Breite des Balkons entsprach. An seiner Stirnwand gegenüber den Fenstern stand ein Podium mit Baldachin. Unter dem Baldachin sass bei offiziellen Gelegenheiten die Königin. Vor dem grossen Saal, näher zum Haupteingang, waren zwei Vorräume, hinter dem grossen Saal war ebenfalls ein Vorraum, welcher später Audienz- oder Empfangsraum benannt wurde und wohin dann das Podium mit dem Baldachin verlegt wurde. Danach folgten Räume von halbprivatem Charakter, Kabinette, z.B. das Spiegelkabinett (später Billardkabinett), die Kabinette mit sächsischem und japanischem Porzellan: im östlichen Flügel war dann das Schlafzimmer, das kleine Speisezimmer, das Bilderkabinett. Eine Folge von Räumen mit denselben Funktionen wie der Südflügel hatte auch der

Nordflügel, welcher Franz Stefan, dem Gemahl der Königin, diente. Auch den Korridortrakt des südlichen Flügels gliederte Hillerbrandt zu grösseren Räumen, wo auch der Speisesaal und die geräumige Bibliothek mit vier Fenstern ihren Platz fand. Zwischen den Schneidepunkt des südlichen und östlichen Flügels schob er anstatt der alten Wendeltreppe eine neue geräumigere gebrochene Treppe. In der zweiten Etage wiederholte sich im Grunde die neue Einteilung der ersten Etage, wobei in den nördlichen und östlichen Flügel, wo sich Wohnräume befanden, auf der Hofseite enge Korridore eingesetzt wurden. Die Lösung des dritten Stocks ist nicht bekannt, wir setzen voraus, dass er dicht in Wohnräume aufgeteilt war, damit er die zahlreichen Mitglieder des Königs- resp. Statthalterhofes aufnehmen konnte.

    Die Hauptfassade stellt augenscheinlich eine Symbiose der Ansichten Martinellis und Hillebrandts dar. Während der erstere mittlere Wand-

47 Albert von Sachsen-Teschen und seine Gattin Marie Kristine, Porträts von Giovanni Pichler, Kohle, wahrscheinlich im Jahre 1776

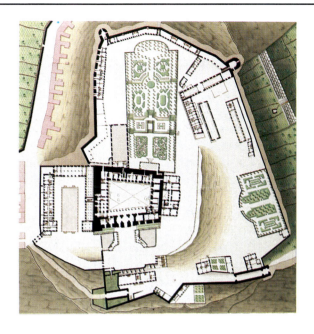

vorsprünge, eine Bandrustika des Erdgeschosses, einen symmetrischen Eintritt und darüber einen Balkon vorschlug, realisierte der andere die Gestaltung der Fenster mit einem gedrängten Bogen, die Gestaltung der Balkonkonsolen und des Balkonparapets (prismenförmige Zwergsäulen von ähnlicher Form waren ursprünglich auch im Parapet der Haupttreppe, welche heute ein Geländer nach einem Entwurf aus den sechziger Jahren des 20. Jahrhunderts hat) und vielleicht auch die Lisenen, welche die Wandvorsprünge teilen. Kleine dekorative Elemente in den Fenstereinfassungen und unter den Balkonkonsolen wiederspiegeln die typische regionale Nuance des Styls, welcher die nüchternen klassizistischen Materiale des Baus mit dem Rokokodekor, weniger an den Fassaden, aber umso mehr in den Interieuren, kombinierte.

48 Plan der Burg nach erfolgtem Bau der Objekte für den Statthalter, Anfang der achtziger Jahre des 18. Jahrhunderts

Über die Rokokopracht der inneren Räume des Palais erfahren wir durch den heutigen Stand beinahe nichts. Zu den Erinnerungen daran gehört die Treppe mit den Resten der vergoldeten Stukkatur in den Gewölben, welche in ursprünglicher Form und Proportionen rekonstruiert wurden. In den Nischen der Podeste zwischen dem Erdgeschoss und dem ersten Stock waren ursprünglich Sockeln, welche augenscheinlich Statuen tragen sollten. Den ursprünglichen Eindruck der Treppe kann man sich vorstellen, wenn man sich den Schein der Marmorstufen, die vergoldeten Muschelornamente der Verzierungen in allen Gewölben und auf den Pfeilerprofilen, die vergoldeten Armleuchter und den grossen vergoldeten oder Kristalluster mit den brennenden Kerzen, welche den Glanz des Marmors und der Goldverzierung im schimmernden Licht vervielfachten, in der Phantasie hervorruft.

Die Ausführung des Baues in den Jahren 1760–1763 leitete der Meister der Baukammer Franz Römisch, ein Bratislavaer Bürger. Nach dem Umbau des Palastes wurde die Aufmerksamkeit auf die Interieurdekoration gerichtet. In der Kapelle wurde für den Hauptaltar in der westlichen Wand eine hohe, gewölbte Nische gebaut, deren Stukkatur eine geschürzte Draperie darstellte. Diese und auch die nächste Stukkatur, die heute schon unbekannt ist, wurde unter der Aufsicht des Wiener Malers Johann Karl Auerbach ausgeführt. Die Fresken der Decken, wie auch das neue Bild für den Hauptaltar „Kristus am Kreuze zwischen Maria und dem heiligen Johann" verfertigte der Maler Josef Hauzinger. Die Seitenwände der Kapelle dekorierte der Maler Vinzenz Fischer. In der Kapelle befand sich eine vergoldete geschnitzte Kanzel, eichene geschnitzte Knieschemel, auf dem Chor eine Orgel, Geigen, Violen und Violoncellos für sieben Musiker. In den Jahren 1766–1767 dekorierten Johann Dietrich und Kaspar Sambach mehrere Räume des Palais. Kaspar Sambach, der aus Schlesien stammte, malte auf Einladung Alberts von Teschen im Repräsentationssaal eine Illusion klassizistischer Reliefverzierung in „en grisaille" – Technik (in verschiedenen Nuancen weisser und grauer Farbe). Dieser Dekoration entsprachen auch die Konsoltischchen mit schwarzen Marmorplatten. Auf den Fotografien der Palastruine in den sechziger Jahren unseres Jahrhunderts kann man hie und da Überreste der ornamentalen

Rocaille-Malerei (in Muschelmuster) in den Fensternischen des südlichen und östlichen Flügels bemerken. Im Laufe der Rekonstruktion wurden aber alle diese Malereien zusammen mit dem Putz entfernt.

Die Palaiseinrichtung kennen wir nur aus dem Inventar aus dem Jahre 1781, als auf Befehl Josefs II. der Statthalter Bratislava verliess und der grösste Teil des Inventars in die kaiserlichen Möbeldepots in Wien zurückerstattet wurde. Viele Räume waren damals schon ganz leer. Nur hie und da war etwas von der Einrichtung zurückgeblieben, hauptsächlich in die Wände eingebaute Gegenstände. Vorläufig waren da noch in voller Zahl die Gemälde, welche nach der Übersiedlung der Möbel auf ihren Abtransport warteten. Es waren da noch einige Wandtischchen mit Marmorplatten und einem grossen Spiegel über einem Tisch, irgendwo auch einige vergoldete Armleuchter. In den Räumen waren weisse vergoldete Öfen, in manchen marmorne Kamine. In einem Raum des östlichen Flügels waren die Wände mit rot-weiss geblümten Lampasen aus Florenz überzogen, eine weiss-goldene Sitzgarnitur mit rotem Taftüberzug, vergoldete Leuchter und ein Spiegel. In den Repräsentationsräumen waren auch die schon erwähnten Baldachine zurückgeblieben. Von der Einrichtung mancher Räume zeugt ihre Benennung z.B. das Spiegelkabinett, später Billardraum. Das Kabinett mit japanischem Porzellan war nach zeitgenössischer Sitte eingerichtet — an den Wänden waren eine Menge kleiner Vasen und Figuren auf Konsolen, und zwischen ihnen vergoldete Armleuchter, untergebracht. Maria Theresia hatte eine Vorliebe für alles „indianische", wie man damals die orientalische Kunst bezeichnete, und deshalb fehlte in keiner ihrer Residenzen ein chinesisches oder japanisches Kabinett, Tapeten oder Gemälde mit chinesischen Motiven. Unter dem Gemälden befanden sich in den Repräsentationsräumen und anliegenden Vorzimmern hauptsächlich offizielle Porträts der Herrscherin und der Mitglieder der Habsburger Dynastie von den Hofmalern Maytens, Messmer und Kobler. Im Spiegel- resp. Billardkabinett waren Veduten der kaiserlichen Schlösser und der Stadt Wien vom bekannten hervorragenden Landschaftsmaler des 18. Jahrhunderts Canaletto. Die Werke italienischer, flämischer und niederländischer Künstler des 16.–17. Jahrhunderts befanden sich hauptsächlich im grossen Gemäldekabinett im ersten Stock des östlichen Flügels. Es waren da 67 Gemälde. Auch in den übrigen Räumen waren Gemälde hervorragender Meister, darunter auch von Tintoretto, Veronese, Breughel, Holbein, Tizian, aber auch von zeitgenössischen Malern aus dem 18. Jahrhundert. Die grosse Zahl von Gemälden in manchen Räumen zeugt davon, dass da wahrscheinlich nach zeitgenössischer Sitte die Gemälde zu einer Komposition zusammengestellt wurden, welche die ganze Wand bedeckten, dabei wurden die Bilder allerdings, je nach Gebrauch, zugeschnitten und mit dekorativen Leisten an der Wand befestigt.

Im Jahre 1765 stellt Marquarts Plan der Stadt und Burg schon praktisch das ausgebaute Areal der Burg dar. Zu Hillebrandts Verdiensten zählt auch der Umbau der Wachstuben in ihre heutige dynamische Gestalt und der Bau zweier Siegestore, was dem Ehrenhof einen einheitlichen architektonischen Ausdruck verlieh. Auf die Wachstuben und die Siegestore wurden steinerne Statuengruppen mit Trophäen untergebracht, wodurch der Raum um die unumgängliche Imperiumsymbolik bereichert wurde.

Auf der westlichen Terrasse erbaute Hillebrandt ein einstöckiges Gebäude mit drei Flügeln, wo er die Küchen, Pferdeställe, Remisen und Wohnungen der Dienerschaft konzentrierte. Für das übrige Burgpersonal erweiterte er das Gebäude auf der unteren östlichen Terrasse um einen weiteren Flügel und die frei stehenden Gebäude (Ställe mit einem Bad für die Pferde). Hier war auch die Wohnung des Gärtners, an die sich ein kleines, geheiztes Glashaus anschloss. An dem nördlichen und westlichen Wall erweiterte er und reparierte die Kasernen der Burgbesatzung, welche lange Zeit in Havariezustand waren (in den gewesenen Kasernen regnete es durch das löcherige Dach, so dass die Hälfte des Objektes unbewohnbar war und die Soldaten in dem übrigen Teil zu zweit auf einem Bett schlafen mussten). Später entstanden am westlichen Wall Schuppen für Holz, Heuböden, eine Eisgrube u.a. Den kleinen, an den Garten anliegenden, Pavillon malte Vinzenz Fischer mit dem Deckengemälde „Apollo und die Musen am Hellicon". In der Nähe des Gartens wurde unter dem Abhang eine alte Vertiefung des Terrains zu einer unterirdischen gemauerten Zisterne umgebaut, welche das Regenwasser und das Grundwasser,

welches vom Burghügel hinunterfloss, auffing. Die Zisterne bekam ein Schutzdach, das Wasser wurde wie aus einem Brunnen gezogen und diente für den Gebrauch der Wirtschaftsobjekte und zum Begiessen des Gartens.

Der einzige Brunnen, auf dem Palasthof genügte schon lange nicht und gab auch kein gutes Wasser. Wasser wurde auch aus der Donau auf komplizierte Weise durch Pumpen, welche von Göpeln und einer Windmühle in der Nähe der Burg angetrieben wurden, geschöpft, und floss durch Messingrohre in ein Reservoir an dem Brunnen (im Raum unter dem Hof). Ausserdem befanden sich auf dem Hof schon einige Reservoirs für Trinkwasser. Auf Befehl der Kaiserin konstruierte der kaiserliche Rat und Erfinder, der aus Bratislava stammende Baron Johann Wolf Kempelen eine neue Wasserleitung, welche Wasser aus dem Brunnen im Gebäude des

49 Zwei entfaltete Ansichten auf die Objekte der Burg nach Beendung des Baus anfangs der achtziger Jahre des 18. Jahrhunderts

Arsenals in der Wödritz ins neue Reservoir auf dem Palasthof leitete. Die Rohre waren in einen mit Ziegeln gemauerten Kanal, dessen Überreste in der Nähe des Leopoldtores und im Souterrain des südlichen Palastflügels in der Nähe des Kronenturms festgestellt wurden, gelegt. Leistungsfähigere Pumpen wurden ebenfalls mit Göpeln, welche Pferde antrieben, in Bewegung gesetzt. Die Rohre waren aus Holz und waren mit Manschetten aus Kupfer oder Messing zusammengefügt.

Nach Meinungsverschiedenheiten mit den ungarischen Ständen am Landtag im Jahre 1751 ernannte Maria Theresia bei der nächsten Gelegenheit (im Jahre 1765) anstatt des Palatins, der Repräsentant der Stände war, einen Statthalter. Dieser regierte das Land in Vertretung der Herrscherin und in den Intentionen der Politik des Wiener Hofes. Zum Sitz bestimmte sie ihm die Bratislavaer Burg. Von dort musste der Gauvorsteher und das Gauamt, die bis dahin die zweite Etage des Palastes einnahmen, ausziehen. Diese Etage sollte von nun an dem Statthalter dienen. Im Jahre 1765, nach dem Tode des Palatins Anton Eszterházy, ernannte Maria Theresia ihren Schwiegersohn Albert von Sachsen-Teschen, den Gatten ihrer Tochter Marie Kristine, zum Statthalter. Obwohl die Interieure des Palais noch nicht ganz fertig waren, bezog das Statthalterpaar schon im Jahre 1766 die zweite Etage. Die Befürchtungen der Bürger Bratislavas bezüglich der Regierung des Statthalters schlugen bald ins Gegenteil um, weil es sich zeigte, dass Albert ein Gönner von Kunst und Wissenschaft war, als Mäzen auftrat, und mit seinen Bestellungen den örtlichen Handel und das Gewerbe, und durch seine Anwesenheit auch das gesellschaftliche Leben unterstützte. Ähnlich war auch Marie Kristine orientiert. Zu jener Zeit wurde Bratislava für viele bedeutende Persönlichkeiten anziehender und das Statthalterpaar pflegte den Kontakt mit ihnen, was sich auf das kulturelle und gesellschaftliche Leben der Stadt günstig auswirkte.

Es verging noch kein Jahr und schon zeigte sich, dass die im Palais für sie reservierten Räume den Ansprüchen des Statthalterpaars und ihres Hofes nicht entsprachen. Die Kunstsammlungen Alberts hatten nicht genügend Platz und die Räume des Palais, wie anspruchsvoll sie auch ausgestattet waren, erfüllten nicht die Ansprüche auf komfortables und angenehmes Wohnen nach dem Muster französischer Wohnkultur. Da Maria Theresia seit dem Tode ihres Gatten im Jahre 1765 sehr an Marie Kristine und Albert hing, entschloss sie sich, ihren Wunsch nach besserem Wohnen zu erfüllen (und vor allem zu finanzieren). Albert hatte schon eine Vorstellung eines solchen Wohnens im voraus überdacht, und so arbeitete F. A. Hillebrandt im Jahre 1767 nach seinen Vorschlägen das Projekt zu einem Anbau an das Palais aus, welches einfach „neues Gebäude" und später Theresianum benannt wurde. Maria Theresia gab der ungarischen Krone den Befehl, das Gebäude binnen einem Jahr zu erbauen und für diesen Zweck 4000 Gulden monatlich freizugeben. Im Jahre 1768 war das Gebäude fertig (es kostete 1 300 000 Gulden), aber ohne Interieure, welche noch weitere zwei Jahre Zeit brauchten. Am Bau des Theresianums zeigte sich F. A. Hillebrandt als reifer Klassizist. So hatte er sich wahrscheinlich schon früher im Jahre 1765 bewährt, als er zum ersten Mal für Albert von Sachsen-Teschen das Schloss Halbturn umbaute.

Das Theresianum war an die östliche Fassade des alten Palais angebaut. Es drückte nicht allzu sehr die Bemühungen um Harmonie mit diesem gewaltigen Gebäude aus. Mit seinen Proportionen und Massen der äusseren und inneren Räume stellte das Gebäude die Ansprüche auf kleinere, gemütliche Räume, welche dem privaten Leben ohne Zeremonien und Pracht besser entsprechen und mehr Bequemlichkeit bieten, dar. Seinen kleinen Masstab charakterisiert am besten die Tatsache, dass sich sein drittes Stockwerk im Niveau des ersten Stocks des Palais befand. Trotzdem war hier genug Raum: im Erdgeschoss, im ersten und zweiten Stock je 17 Räume, ausserdem zwei Stiegenhäuser und in der Mitte ein kleiner Lichthof, im dritten Stock, welcher enger war, 10 Räume. Im Erdgeschoss des Theresianums unterbrachte Albert seine Sammlung alter Waffen und Rüstungen und die Gemäldegalerie alter Meister. Im ersten Stock war die Familiengalerie, eine Sammlung graphischer Blätter, welcher sich Albert mit besonderer Vorliebe widmete (heute bildet sie den Hauptfond der graphischen Sammlung der Albertina in Wien), und die Bibliothek. Der zweite Stock (zugänglich auch vom Erdgeschoss des alten Palais) war ganz für Maria Theresia reserviert. Hier wurden vielleicht zum ersten Mal in Bratislava doppelte Fenster (damals Winterfenster genannt)

verwendet, und so verbesserte sich auch das Temperieren. Den Hauptraum nahm ihr Schlafzimmer mit Tapezierung aus grauem Taft ein. Im kleineren dritten Stock war die Wohnung des Statthalterpaares. Von den Treppen führte der Eintritt in die Hallen, da waren Vorzimmer, der Empfangssalon, das Schlafzimmer, Ankleideräume, das Zimmer der Kammerzofe, ein Raum zur Bereitung von Tee, Schokolade, Frühstück u.ä., und mehrere Kabinette. Die Räume waren sehr verschieden eingerichtet. An den Wänden waren chinesische Papiertapeten, geschnitzte Holzverkleidung mit verschiedenen Nuancen von Gold vergoldet, Wandgemälde, aber grösstenteils rot-weisse geblümte Damast − (Lampas) Tapeten, welche Albert in Florenz erzeugen liess und mit welchen er sein Schlafzimmer und noch einige weitere Räume tapezieren liess. Die Gardinen waren aus geblümtem Musselin, aus holländischem Leinen, aber auch aus gestreiftem Züchen. Das Bett im Schlafzimmer war ganz geschnitzt und vergoldet, sein Baldachin aus florentiner Damast und mit zwei Büscheln Straussfedern verziert. Unter der Zimmereinrichtung waren ganz vergoldete Konsol-

50 Gebrüder Schäffer: Blick auf die Burg von der Donau aus, kolorierter Kupferstich, achtziger Jahre des 18. Jahrhunderts

tischchen mit Spiegeln, weisse vergoldete Öfen, Kamine aus weissem Marmor aus Genua, Möbel aus indischem Holz mit Bronzeverzierungen, Kleinigkeiten aus orientalischem Lack. In Alberts Arbeitszimmer waren die Wände mit 43 Stück Gemälden bedeckt. Im Ganzen befanden sich im alten Palast und im Theresianum, nach dem Inventar aus dem Jahre 1781, bis zu 300 Gemälden. Auch die Ausführung der Interieure des alten Palais war erst im Jahre 1768 beendet. In den letzten Jahren arbeiteten dieselben Handwerker und Künstler gleichzeitig im alten Palais und im Theresianum. Für ihre Arbeit erhielten die Schlosser beinahe 7000 Gulden, für Schnitzereien wurden über 2000 Gulden, dem Glaser 1300 Gulden, dem Ofensetzer 313 Gulden, dem Tapezierer über 800 Gulden und dem Maler Johann Dietrich 2500 Gulden ausgezahlt. Im Jahre 1770 befahl Maria Theresia zahlreiche Möbel, Gemälde und andere verschiedene Dekorations- und Gebrauchsgegenstände in den alten Palast und das Theresianum zu bringen. Sie vergass auch nicht an Kutschen und Pferde, damit die Ausstattung der Burg vollkommen sei.

51 N. Janscha, R. Füssli jun.: Blick auf die Burg vom Norden aus, Bleistiftzeichnung, achtziger Jahre des 18. Jahrhunderts

Im Jahre 1770 zog das Statthalterpaar endlich ein. Maria Theresia besuchte sie hier oft ganz unoffiziell, für sie war das beinahe der einzige Grund für einen Besuch in Bratislava – immer noch der Hauptstadt Ungarns – welche ihre Gnade verloren hatte.

Im Zusammenhang mit dem Bau des Theresianums wurden auch weitere Veränderungen der Burg verwirklicht, welche den Wohnkomfort ergänzten. Das Theresianum wurde mit dem Gartenpavillon des nördlichen Gartens durch eine neue Treppe aus der nordöstlichen Ecke des alten

52 Kleiner Krug aus Majolika mit der Jahreszahl 1764 aus den Funden der Barockkeramik
53 Der 1. Stock des Palais und der 3. Stock des Theresianums, tatsächlicher Zustand am Ende der achtziger Jahre des 18. Jahrhunderts, vor dem Umbau zum Generalseminar
54 Der 1. Stock des Palais und der 3. Stock des Theresianums, Projekt für die Adaptation zum Generalseminar von J. Talherr aus dem Jahre 1784

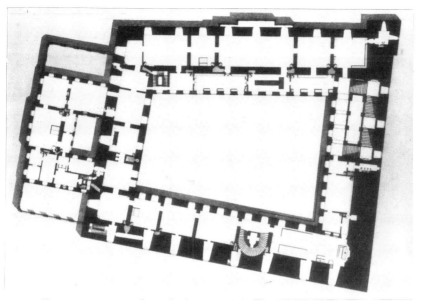

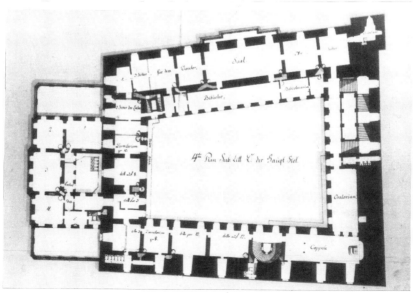

Palais verbunden. Es zeigte sich aber, dass anstatt des einfachen Pavillons ein Ballhaus geeigneter wäre, deshalb wurde an der Stelle des alten Pavillons ein neues, grösseres, auch für Ballspiel geeignetes Pavillon erbaut. Unter der mit einem Gemälde von Anton Maulbertsch und Josef Winterhalter geschmückten Decke war eine erhöhte Galerie für die Zuschauer. Parallel mit dem Garten stand das grosse einfache Gebäude der Winterreitschule. Sie war durch einen Korridor mit dem Gebäude auf der westlichen Terrasse, wo im Erdgeschoss des östlichen Palastflügels die Ställe waren, und woher man die Reitpferde hereinbrachte, verbunden. Die Sommerreitschule war direkt im Hof des Gebäudes auf der westlichen Terrasse, das war eine umzäunte, mit Sand bestreute Manege unter freiem Himmel. Hinter dem östlichen Siegestor des Ehrenhofes wurden anstatt des Serpentinenwegs Stufen, welche hauptsächlich dem Personal dienten, errichtet. Das Gebäude des jetzigen Weinrestaurants (ursprünglich aus zwei Flügeln bestehend) bekam ein Dach in Form des heutigen, seine Fassade war durch Lisenen und Bandrustika gegliedert. Wir setzen eine ähnliche Lösung der Fassaden ursprünglich auch an den übrigen Gebäuden des Wirtschaftsareals auf der unteren östlichen Terrasse voraus.

Mit dem Antritt Alberts von Sachsen-Teschen in Bratislava wurde eine Neuheit eingeführt – die nächtliche Beleuchtung des Zufahrtsweges zur Burg (Burggasse). Die Beleuchtung besorgten einfache Öllaternen auf Pfählen. Die Laternen wurden hauptsächlich in mondlosen Nächten angezündet. Gegen diese Errungenschaft murrten die Bratislavaer Bürger und Untertanen, weil sie das für einen überflüssigen Luxus hielten, welchen die Stadt bezahlen musste und die Untertanen gleichzeitig die Pflicht hatten, die Laternen zu putzen. Den Einwohnern war es auch aus Sicherheits- und ästhetischen Gründen verboten, Häuser und verschiedene Schuppen zu nahe der Burgmauern zu bauen.

Die Komposition beider Burggärten wurde neu entworfen und zwar in neuem klassizistischem Styl, in welchem ungefähr zu derselben Zeit auch die kaiserlichen Gärten in Wien – der Schönbrunner und der Belvederegarten – umgebaut wurden. Der nördliche Garten der Bratislavaer Burg wurde in vier mit Stufen verbundenen Terrassen angelegt. Die ornamentale Broderie-Bepflanzung blieb nur auf der höchsten Terrasse vor dem

Pavillon, auf den übrigen Terrassen waren die Beete durch gestutzte grüne Sträucher gegliedert und von Alleen aus kunstvoll geformten Bäumen umgeben. Im konkaven Abschluss des Gartens war ein „Hain" mit kunstvoll geformten Bäumchen. Der bekannte Reisende jener Zeit, Baron Gottfried Rottenstein behauptet, dass der Garten Kastanienalleen hatte. Auch im Garten der unteren östlichen Terrasse war die Gestaltung der Beete und der Charakter der Pflanzung verändert. Die Gärten waren von einer vollen Mauer umgeben, da es nicht wünschenswert war, dass die Blicke der Inwohner des kultivierten Milieus und die Welt der Herrschaften auf der unordentlichen Umgebung und dem Wirtschaftsbetrieb der Burg ruhen sollten.

55   Josef II., Porträt von E. Liotard, Pastell, 1762

56 Aus der Gemäldedekoration der Bratislavaer Burg. Lucas Cranach der ältere: Die verliebte Alte und der Jüngling, Ölgemälde auf Holz, 37×30,5 cm, 16. Jahrhundert

Alle diese Veränderungen, sowie der Zustand der Burg um das Jahr 1770 hält ein detaillierter grosser in Farben dargestellter Plan mit Ansichten auf die Gebäude der Burg fest. Daraus lässt sich allerlei über die Objekte, die sich nicht bis heute erhalten haben, oder in verändertem Zustand erhalten geblieben sind, herauslesen. Dieser grosse Plan existierte in zwei Versionen, ohne Legende und mit französischer Legende, aus der wir die Benennung der Gebäude und bei einigen das Jahr ihrer Errichtung erfahren. Diesen Plan kennen wir nur aus seinen Reproduktionen in den Büchern von D. und V. Mencel über Bratislava. Sein Original war möglicherweise direkt auf Wunsch Alberts von Sachsen-Teschen ausgear-

57 Aus der Gemäldedekoration der Bratislavaer Burg. Florus van Dyck: Stilleben mit Zinnkanne, Obst und Käse, Ölgemälde auf Holz, 47,5×58,5 cm, 16. Jahrhundert

beitet worden. Ausgeführt wurde er von F. A. Hillebrandt oder von einem unbekannten Zeichner der Ungarischen königlichen Baukammer. Der Plan ohne Legende ist in der Albertina in Wien untergebracht.

In dem Masse wie sich mit der Zeit der Lebensstyl und auch die Kundgebung der übergeordneten Stellung des Herrschers änderten, entwickelte sich auch die Bratislavaer Burg mittels Umbaus aus einer Festung zu einem Schlosskomplex, welcher hauptsächlich der Repräsentation diente. Das 15-jährige Wirken des Statthalters Albert von Sachsen--Teschen bedeutete für die Bratislavaer Burg eine grosse – und letzte – Etappe ihrer Entfaltung und Blüte.

58 Aus der Gemäldedekoration der Bratislavaer Burg. Salvatore Rosa: Hafen mit Ruinen, Ölgemälde auf Leinwand, 87,5×111 cm, Ende des 17. Jahrhunderts

Die Reform der Staatsverwaltung, welche Josef II. (1780–1790) gleich nach seinem Thronantritt im Jahre 1781 einführte, traf Bratislava und die Burg sehr hart. Die Statthalterschaft Ungarns war aufgelöst und in wenigen Jahren (1783) wurden die Landesämter nach Budín verlegt. Albert von Sachsen-Teschen wurde zum Statthalter der habsburgischen niederländischen Provinzen (Belgien) ernannt, wohin er kurz darauf abreiste. Seine Sammlungen aus der Burg nahm er teils nach seinem neuen Wirkungsort mit, teils kamen sie nach Wien. Die Bratislavaer Burg wurde zum Staatsbesitz erklärt und ein grosser Umzug begann. Das von Maria Theresia zugeteilte Inventar, und ein Teil der Gemälde, wurde nach Wien zurückerstattet. Ein anderer Teil der Gemälde wurde der Budiner Universität, welche gerade gegründet worden war, und für welche in der Eile die Budiner Burg eingerichtet wurde, zur Verfügung gestellt. Die ungarischen Kronjuwelen, welche 160 Jahre im Kronenturm der Bratislavaer Burg untergebracht und bewacht worden waren, wurden in die Schatzkammer der alten kaiserlichen Burg (Hofburg) in Wien gebracht und unter den Antiquitäten aufbewahrt. Im Jahre 1784 entschied Josef II. im Rahmen der Schulreform, dass die Bratislavaer Burg für die Zwecke eines Generalseminars, einer Schuleinrichtung zur Erziehung katholischer Geistlicher unter staatlicher Aufsicht und für die Bedürfnisse der staatlichen reformierten Aufklärungspolitik, adaptiert wird. Der Architekt der Ungarischen königlichen Baukammer Josef Thalherr wurde beauftragt, im Jahre 1784 ein Projekt für die Adaptation auszuarbeiten. Das bedeutete für das Palais Theresianum, aber auch für die Wirtschaftsgebäude des Palastareals neue Abänderungen. Es handelte sich hauptsächlich um eine Neueinteilung mittels Querwänden, um die nötigen Schlafräume, Speisesäle, Lehrzimmer für die Studenten, Wohnungen für die Professoren zu schaffen. Aus denselben Gründen wurden aber auch an anderen Stellen Querwände entfernt. Auch die Dekorationen wurden entfernt, eventuell beschädigt, besonders wenn sie bei der Adaptation im Wege waren (Gemälde, Stukkatur, geschnitzte Türen, Öfen u.s.w.), oder sie wurden übermalt. Die Gärten wurden den praktischen Zwecken des Unterrichts angepasst, zu denen auch praktische Wirtschaftsfächer gehörten – deshalb dienten sie allmählich der Veredelung und der Obstzucht.

Das achtzehnjährige Wirken des Generalseminars auf der Bratislavaer Burg bedeutete für unsere Geschichte einen grossen Gewinn. Eine ganze Pleiade aufgeklärter, national empfindender Intellektueller-Literaten, Wissenschaftler, Ökonome und Verbreiter der Aufklärung-, nicht nur Slowaken, aber auch Angehörige anderer Nationen des Habsburger Reiches, absolvierten hier ihre Studien. Unter den vielen nennen wir nur einen, Anton Bernolák (1762–1813), Sprachwissenschaftler und ersten Gesetzgeber der slowakischen Schriftsprache.

Die Periode des Generalseminars bedeutete aber für die Burg als historisches Gebäude den Anfang ihres unaufhaltsamen Verfalls, welcher damit endete, dass sie in den Besitz des Militärärars überging.

59 Anton Bernolák (1762–1813) und seine Unterschrift

Der Verfall
der Burg und ihre
Wiederentstehung

Nach dem Umzug des Seminars bekam im Jahre 1802 die Militärbehörde die Burg zur Benützung zugewiesen. In kurzer Zeit wurden die Rokokointerieure der Burg und ihre Anbauten für 16 Kompanien, das heisst für ungefähr 1500 Soldaten, adaptiert.

Der wirtschaftliche, soziale und kulturelle Verfall, welchen die josefinische Ära hinterliess, zeichneten Bratislava für lange Zeit. Ausserdem berührten Bratislava auch die napoleonischen Kriege, im Jahre 1809 auch die direkte Beschiessung aus Kanonen. Den grössten Schaden erlitt die Burg erst im Jahre 1811, als wegen der Unvorsichtigkeit der österreichischen und italienischen Soldaten in der Burg eine Feuersbrunst ausbrach. Sie befiel den zentralen Teil des Areals und der starke Wind übertrug sie bis in das südliche und östliche Suburbium.

Die Burggebäude ohne ihre Dächer und obere Holzdecken verloren ihre Stabilität. Da die Militärbehörde kein Geld für die Reparatur hatte, verkaufte sie die Mauern der angebauten Palastteile für Bauten in der Umgebung. Einem teilweisen Auseinandernehmen entging auch der Palast nicht, und so gelangten mehrere seiner architektonischen Steinelemente während der zweiten Hälfte des 19. Jahrhunderts, aber auch noch in der Zeit vor dem zweiten Weltkrieg, in die Bauten der Umgebung.

Das Feuer verringerte die Möglichkeit einer weiteren Benützung der Burg. Die Militärbesatzung richtete sich aber hier wie in Feldbedingungen ein. Vor allem mauerten sie in allen Eingängen die seitlichen Durchgänge zu und bauten oder adaptierten die älteren Gebäude zu Wachstuben. Die Stellen, welche einen leichten Zugang ins Areal ermöglichten, umgaben sie mit geflochtenen Palisaden und hinter ihnen, auch tief im Hof, errichteten sie ständige Standorte für die Batterien der Mörser und Kanonen, in der

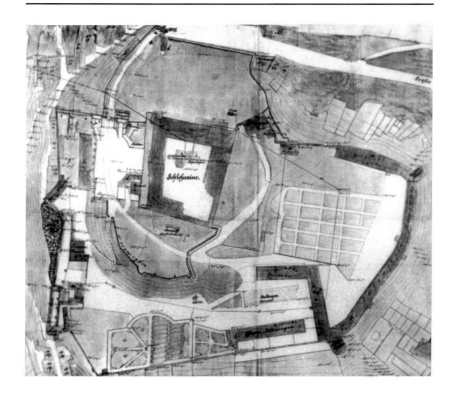

Nähe der Standorte erbauten sie Pulverlager. Das ältere Kommunikationssystem ersetzten sie durch neue Wege, mittels welcher sie die Kasernen in den nördlichen Objekten mit den kleineren im Süden, wo die Offiziere untergebracht waren, verbanden. Das Baumaterial zu den Adaptierungen, aber auch zu kleineren Neubauten, schöpften sie aus der Ruine, so dass manche architektonische, und sogar auch bildhauerische, Details seit ihrer Entstehung schon im dritten Bau Verwendung fanden.

60 Der Brand der Burg im Jahre 1811. Reproduktion einer farbigen Gravierung
61 Die Ruine des Siegestores mit Trophäen auf dem Ehrenhof der Bratislavaer Burg. Reproduktion einer farbigen Litographie (O. E. Hering, J. B. Pyne) 1839
62 Plan der Bratislavaer Burg vom k.k. Genieoffizier Gilsa aus dem Jahre 1858

Möglicherweise ist es kein Zufall, dass auf dem Plan aus dem Jahre 1841, aber auch auf einem älteren nicht datierten, die Kanonen auch auf die Stadt gerichtet sind. Im Jahre 1849 wurden auch die alten gothischen Schiessscharten, welche von der Bastion Luginsland auf die Strassen gerichtet waren, vergrössert. Im Revolutionsjahr 1848 legten auf der Bratislavaer Burg die Angehörigen des slowakischen Freiwilligenkorps, welches vorher der österreichischen, die ungarische Revolution unterdrükkenden, Armee angehörte, ihre Waffen nieder. Auch drei unmündige Kinder des Führers der Revolution, L. Kossuths, waren vorübergehend auf der Burg interniert. Knapp nach dem Jahre 1857 rissen die Soldaten die östliche gothische Verbindungsmauer zwischen den Toren nieder und überdachten die hohe Durchfahrt des Eintrittsturmes, um eine grössere Wachstube zu gewinnen. Später, im Jahre 1870 öffneten sie die Bastion Luginsland, bauten eine Treppe ein und errichteten einen neuen Eingang in die Kaserne, näher zur Stadt.

Man begann die Stadtwälle schon im letzten Viertel des 18. Jahrhunderts niederzureissen und in der ersten Hälfte des nächsten Jahrhunderts verschwinden auch die Tore und ganze Abschnitte der vorgeschobenen Befestigungen. Nur die Burg allein repräsentierte im Verzeichnis der Befestigungen die Bratislavaer Festung beinahe bis zum Anfang unseres Jahrhunderts.

Im Jahre 1918, vier Monate vor Ende des ersten Weltkriegs, wurde am Hof der Bratislavaer Burg eine Hinrichtung durchgeführt. Unter mehr als 300 Slowaken, welche sich weigerten in die Reservekompanie anzutreten, wurden zwei (J. Škapík und M. Jursa) erschossen. Diese Einheit bildete einen Teil des 72. Fussregiments, welches in der Wasserkaserne am Donauquai (heute die Slowakische Nationalgalerie) untergebracht war. Im Jahre 1919 zogen Legionäre in die Burg ein. Unter der grossen Menge entdeckter Patronenhülsen, von den ältesten aus dem Jahre 1872 bis zu den letzten aus dem Jahre 1940, tragen mehrere auch das Datum 1919. Damals funktionierte schon unter dem Niveau des barocken Ehrenhofes der Standplatz aus Eisenbeton mit dem Ausblick auf die Donau. Auf der Burg befand sich nur der Wachtrupp, welchen in der kritischen Zeit des Jahres 1944 die deutsche Wehrmacht entwaffnete.

Mit dem Jahre 1946 endet die beinahe 150 Jahre dauernde Existenz der Kaserne auf der Burg, und gleich danach wird der grosse Hofraum mit der umzäunten Ruine dem Publikum freigegeben. In der Absicht, das grosse Terrain organisiert auszunutzen, errichtete die Stadt im Jahre 1948 ein Amphitheater für 7000 Zuschauer. Sein Bau erforderte den Durch-

bruch neuer Eingänge durch die Bastion aus dem 17. Jahrhundert und das Abtragen der historischen Erdschichten bis auf die Felsgrundlage im unteren Teil der nördlichen Terrasse. Das Freilichtkino des Amphitheaters war noch lange Zeit nach dem Beginn der Restaurierungsarbeiten an der Burg in Betrieb.

Bemühungen um die Rettung der Burg entstanden schon im 19. Jahrhundert und entsprangen mit der Zeit verschiedenen Initiativen. Stimmen aus Fachkreisen, aber auch aus der breiten Öffentlichkeit wiesen

63 Das Wiener Tor, erbaut im Jahre 1712, umgestaltet im 19. Jahrhundert

auf die augenscheinlich drohende Gefahr für die Dominante der Stadtsilhouette hin, andere argumentierten mit der Möglichkeit die grosse Fläche der Burg für neue Bautätigkeiten auszunützen und es bildete sich auch eine Gruppe, welche ein den historischen und architektonischen Werten entsprechendes Verhalten verlangte. An den Wänden der Ruine waren architektonische Details aus dem 15. bis 18. Jahrhundert sichtbar, welche vom hohen künstlerischen Niveau des Gebäudes zeugten, das beinahe immer auf Antrieb der jeweiligen Herrscher entstand und umgebaut wurde. Schriftliche Dokumente erteilten auch über die ältere Geschichte

64 Das Wiener Tor, Rekonstruktion seiner Barockgestaltung

Informationen, die mit den Ereignissen zusammenhingen, welche die grosse Bedeutung der Burg schon zur Zeit des 9. bis 13. Jahrhunderts andeuteten.

Für individuelle Versuche am Anfang unseres Jahrhunderts die Ruine zu konservieren, gab es am Königshof kein Verständnis und schliesslich gingen sie im Lärm des ersten Weltkriegs unter. Nach dem Kriege liessen sich Vorschläge hören, zuerst, das Burgareal sollte für das Gauarchiv, später, für die Unterbringung zweier Fakultäten der Komenský-Universität, und zuletzt, für die politische Landesverwaltung der Slowakei repariert und komplettiert werden. Die Vorschläge blieben nur im Stadium von Vorbereitungsarbeiten und inzwischen schritt der Selbstverfall des Palais fort, welcher sich noch wegen des heterogenen Charakters der verschiedenen historischen Konstruktionen beschleunigte. Das drohende Fortschreiten dieses Prozesses rief einen grossen Wiederhall in der Öffentlichkeit hervor, welche den Untergang dieses charakteristischen Merkmals des Stadtpanoramas befürchtete. Infolgedessen sollte, trotz der Kriegszeiten, im Jahre 1942 ein internationaler Konkurs das Problem lösen. Der grösste Teil der über 20 Anträge schlug, sowohl vom künstlerischen, als auch vom technischen Standpunkt, vor, die Ruine zu entfernen und sie durch eine frei komponierte Kopie, eventuell durch ein neues architektonisches Werk, zu ersetzen. Die Burg war aber auch weiterhin ein Militärobjekt.

Im Jahre 1945 stellte der Einsturz einer inneren Wand des Palais und auch die Neigung einiger Gemäuer, sowie die wuchernde Vegetation in den hohen Auftragungen und Gewölben eine ernste Warnung dar. Von neuem entbrannte die Diskussion auf vielen Gebieten. Vor allem handelte es sich um den Charakter der Rettung — ob durch Konservieren, Rekonstruieren, Komplettieren —, dann auch um die Möglichkeit und das Verfahren der technischen Rettung der erhaltenen Teile, um die Ausnutzung, um das Berechnen der nötigen Kosten und, auf jeden Fall, um die Notwendigkeit der Erforschung der historischen Architektur.

Schon von Anfang an waren die Fachfragen mit breiteren Problemen verflochten. Dazu muss man auch die Ansichten einiger offizieller Persönlichkeiten rechnen, welche mit der Entziehung der Baukapazitäten zum Schaden des Wohnbaus, dem Mangel an verschiedenem Baumaterial

65 Ruine des Südflügels des Palais anfangs des 20. Jahrhunderts

und den ständigen Änderungen bezüglich der Ausnutzung der Burg argumentierten. Mit letzterer war auch die Frage der Beschaffung von Finanzmitteln verbunden.

Die Forschungsarbeiten an der Bratislavaer Burg begannen im Jahre 1953 und waren hauptsächlich auf das Entfernen von hohen Einstürzen und das Sortieren ihres Materials gerichtet. Vier Jahre später ging man an die Bauarbeiten, parallel mit ihnen verlief die archäologische und architektonische Forschung. Dieses Zusammenwirken war für die architektonische Forschung in grossem Masse von Vorteil, weil die Bauarbeiten viele Situationen zugänglich machten. Hingegen war die archäologische Forschung durch die Einrichtungen des Bauplatzes stark beeinträchtigt. Die Ergebnisse beider, über beschränkte Kapazitäten verfügender Forschungen, konnten nicht voll in die Projekte und, in manchen Fällen, in die Realisation aufgenommen werden, weil sie zu jener Zeit die gegebene Konzeption der Verwendung gestört und noch die weite Problematik der Erneuerung kompliziert hätten. Es ging nicht um die verhältnismässig schnelle Interpretation der Funde von Teilen frühmittelalterlicher Architektur, wie man sie, wir geben zu, in dieser Lokalität zumeist nicht in so grosser Menge erwartet hatte, aber hauptsächlich um den ebenso unaufschiebbaren Beschluss über die Art ihrer Präsentation für die Besucher. Das Vorkommen der Funde, gleich ob in den Interieuren oder unter dem Terrain des Hofes, stand auch im Widerspruch zum realen Fortgang der Bauarbeiten. Es erforderte viel Anstrengung Lösungen zu erreichen, die von Kompromissen gegenüber anderen Ansichten gekennzeichnet waren – auch so wurden sie dann nicht realisiert. Aus diesem Grunde konnten die verschiedenen historischen Teile nur der Situation entsprechend und auf verschiedene Weise zur Geltung kommen.

Die entdeckten Überreste der ältesten gemauerten Konstruktionen aus dem 9., 10. und 12. Jahrhundert konnten, mit Rücksicht auf ihren geringen Zusammenhalt, im Freien der östlichen Burgterrasse nur in Kopien öffentlich ausgestellt werden. Die Originale wurden nach ihrer Konservierung unter dem Terrain belassen. Weitere Teile der Architektur, welche die Überreste der Paläste aus dem 9. und 12. Jahrhundert und des Wohnturmes aus dem 13. Jahrhundert bilden, befinden sich im Hof des heutigen Palais, wo sie aber aus Kommunikationsgründen auch zugeschüttet werden mussten und ihre Grundrisse in der neuen Pflasterung angemerkt wurden. Besser war die Situation des entdeckten unteren Teils eines Wohnbaus der slawischen Festung. Im Rahmen der Palastinterieure wurde er in einer grossen Sonde, die einen Bestandteil der verbundenen Keller des Palastes bildet, die in der Zukunft einer ständigen Exposition der Burggeschichte dienen sollen, gelassen.

Der geräumige spätgotische Bau der Bratislavaer Burg wurde später zum Gegenstand zahlreicher historischer- und Bauveränderungen. Ihren Charakter wiedergibt am besten der erhaltene östliche Eintrittsturm. Der ähnliche westliche wurde archäologisch im Leopoldshof gelegentlich des Baus des Heizhauses erforscht. Erst jetzt wird es möglich sein, seine angedeutete Rekonstruktion mit Benützung der, in anderer Lage entdeckten, architektonischen Elemente vorzunehmen. Die Bastion Luginsland mit den zugemauerten gotischen Öffnungen konnte man, mit Berücksichtigung ihrer historischen Gegebenheiten, nicht erneuern, weil es ihr damaliger Zweck, ähnlich auch wie der Zweck der Objekte auf der Nordseite der Burg, damals nicht zuliess. Nach der Liquidierung des Sommerkinos auf der nördlichen Terrasse der Burg brachten die Vorschläge für einen neuen Park in diesem Raum keine überzeugende Lösung und für die Rekonstruktion des Barockgartens blieb kein Geld übrig. Deshalb wurde eine anspruchslose vorübergehende Gestaltung gewählt. Aus demselben Grunde wurde auf der nördlichen Zugangsseite die Raumeinteilung so belassen, wie sie im 19. Jahrhundert für die Bedürfnisse des Militärs aus dem auseinandergenommenen Gemäuer und Details des Palais realisiert worden waren.

Das Hauptinteresse der Erneuerung galt dem Palast. Vom Anfang der Erneuerung an wurde vorausgesetzt, dass er als historische Exposition des Slowakischen Nationalmuseums ausgenützt werden wird und erst im Verlauf der Arbeiten im Jahre 1964 wurde beschlossen, dass ein Teil des Palais für die Repräsentationszwecke des Slowakischen Nationalrats gestaltet werden soll. Die Änderungen der Disposition, die künstlerischen Entwürfe, aber auch die Änderungen der technischen Einrichtungen kreuzten sich, änderten sich sogar im Laufe der Arbeiten. Während vorher

66 Rekonstruktion der Gewölbe der Barocktreppe des Palais

67   Die Barocktreppe des Palais nach ihrer Erneuerung

die Erneuerung der Burg beinahe als illegaler Bau galt, wurden jetzt die Entwürfe nach den Ansichten der Politiker abgeändert.

Wenn man heute die Erneuerung der Bratislavaer Burg vom Standpunkt des nationalen Kulturdenkmals beurteilen will, muss man die lange Zeit ihrer Verwirklichung und die Änderungen der Fachmeinungen in Betracht ziehen. Am Anfang wurden einige Teile im Geiste des Romantismus realisiert und das auch mit dem Einsetzen fremder historisierender Elemente (z.B. die Hofarkade des Palais), später dagegen wurde bei der Erneuerung der gewesenen Konstruktionen der Versuch, die Rekonstruktion der Details auszulassen, anerkannt (die Fenster an zwei Wänden des Hofes) und wieder später Details aus anderen Objekten anstatt einer Rekonstruktion der bekannten angewandt (das Geländer der barocken Treppe). Bei der neuen funktionellen Einteilung der Palastinterieure konnten die unteren Räumlichkeiten des Turms, und sogar der anliegenden Räume, der Öffentlichkeit erst nach der Schaffung der Schatzkammer im Jahre 1988 zugänglich gemacht werden.

Zu den bekanntesten Problemen der Erneuerung gehörte die Frage des Daches, über welche im Verlauf der Realisation viel diskutiert wurde. Vor allem die Architekten traten als Propagatoren eines flachen Daches auf, während die Kunsthistoriker mit der Erneuerung des Palais, einschliesslich der Rekonstruktion des Ehrenhofes, als Rekonstruktion der letzten (Barock) Gestaltung argumentierten und zugunsten eines hohen Daches sprachen. Die Ruine des Palastes zeigte auch vom Standpunkt der Erneuerung einen unerfreulichen Zustand. Der Umbau im 17. und 18. Jahrhundert gab die Möglichkeit, die Disposition zu respektieren, wobei aber die Gemäldedekoration und Stukkatur verlorenging. Anderseits blieben die architektonischen und bildhauerischen Konstruktionen aus dem 15. Jahrhundert, wenn auch nicht vollständig, so doch gut erhalten, ihre Präsentation rief manchmal Diskussion über die unwillkommene und überholte analytische Methode hervor. Und so wurden, von Fall zu Fall, die Beispiele gothischer Architektur irgendwo, hauptsächlich in der neuen Raumgliederung, belassen. Die beste Vorstellung von der Höhengliederung des gothischen Palais gibt das Beispiel der drei Fenster auf der südlichen Fassade, die symmetrisch übereinander belassen worden waren und nach aussen hin die ursprüngliche Funktion der Räume ausdrückten. Weitere, ebenfalls blinde, Fenster auf der westlichen Fassade wurden zusammen mit den eingefügten Teilen der Konsolen zum Zeugnis des ursprünglichen Flügels der Burgbesatzung. An manchen Stellen blieb die ursprüngliche Gliederung der Räume im Zustand eines Torsos, welches keine Vorstellung von dem ursprünglichen Ganzen gab (hauptsächlich die Wand im grossen Saal, heute Rittersaal genannt). Dank dem späteren „Ummauern" blieben infolge eines glücklichen Zufalls zwei kleine Räume mit vergoldeter Stukkatur und Gemälden aus dem 16. Jahrhundert erhalten, welche nach dem Restaurieren den einheitlichen historischen Teil des Palais bilden.

Trotz einiger negativer Details war die Erneuerung der Burg ein Gewinn. Schon dadurch, dass sie den Zerfall der Ruine vereitelte, dann auch, dass sie die Forschung historischer Objekte von so alter Tradition ermöglichte, und nicht zuletzt, dass sie Räume sowohl für die Expositionen des Slowakischen Nationalmuseums, als auch für die Repräsentation des Slowakischen Nationalrats schuf. Kunstwerke als Bestandteile des Gabäudes, vor allem Mosaiken, Tapisserien und Ölgemälde von slowakischen bildenden Künstlern des 20. Jahrhunderts wurden zum Mittelpunkt der Gestaltung mehrerer neuer Interieure. Im Geiste der zeitgenössischen Kunst wurde auch die Einrichtung der Räume nach individuellen Entwürfen und ihren Funktionen entsprechend erzeugt.

Die rege Arbeit an der Beendung der Adaptation der Burg wurde für kurze Zeit durch die Besetzung der Burg im August des Jahres 1968 unterbrochen. Trotzdem konnte schon im Oktober in den hergestellten Interieuren das Gesetz über die föderative Staatsform der Tschechoslowakischen Republik unterzeichnet werden.

Nach beinahe zwanzig Jahren, die seit dem Beenden des Umbaus der Ruine zur Burg verflossen sind, entstanden neue Situationen bezüglich ihrer Ausnutzung, bezüglich der Notwendigkeit der Modernisierung und Ergänzung der technischen Einrichtungen, aber auch der künstlerischen Komplettierung. Diesbezügliche Änderungen, die praktisch den ganzen Komplex des Objektes betrafen, wurden in Angriff genommen. Der Plan der Innovation aus dem Jahr 1986 setzt das maximale Respektieren und

Betonen des historisch-architektonischen Charakters des Denkmals und die definitive Lösung der Raumverhältnisse im Burgareal voraus, und zieht die Forderungen der Staatsrepräsentation, der historischen Expositionen des Slowakischen Nationalmuseums und der weiteren neuen Ausstellungsräume, sowie auch die Erweiterung der Dienstleistungen für die Besucher und die Einrichtungen zur Instandhaltung der Burg in Betracht.

68 Der Saal, in welchem am 28. 10. 1968 das Gesetz der föderativen Staatsordnung der Republik unterzeichnet wurde. An der Wand befindet sich die Mosaik „Hlaholika" von Ľudovít Fulla

Die grössten Umänderungen werden auf den jetzigen Flächen um das Palais vorbereitet. Auf der nördlichen Terrasse handelt es sich um den Barockgarten zu einem selbständigen Areal mit einem Gartenpavillon, aber auch um die obere östliche Terrasse, wo sich unter dem Rasen und sogar unter dem neuen Weg die ursprünglich über der Erde stehenden Teile des Palais Theresianum befinden. Auch auf der westlichen Terrasse, welche heute unter der Erde einen grossen nicht zugänglichen barocken Raum enthält, kommt es zu Änderungen.

Die politischen Wendungen des Jahres 1989 und die Entstehung der Slowakischen Republik im Jahre 1993 brachten eine ungemeine Frequenz in- und ausländischer politischer Begegnungen im Palais der Burg mit sich. Schon der Verlauf der ersten mehrseitigen Verhandlungen deutete auf die Mängel der Disposition und der technischen Bedingungen hin, deren Eli-

69 Der grosse, ursprünglich gothische Saal des Palais, rechts einer der Gewölbestützpfeiler, Teile der Gewölberippen und Fenster. An der Frontwand das Gemälde „Geschichte des slowakischen Volkes" von F. Gajdoš

minierung auch in die notwendigen Umarbeiten inbegriffen ist. Es wiederholte sich die Situation wie zu Maria Theresias Zeiten. Schon damals rief die einzige Möglichkeit der Kommunikation durch eine Flucht hintereinander gereihter Räume die Notwendigkeit hervor, komplementäre Einrichtungen zu bauen, damit die Säle des Palais ihre prinzipielle Funktion erfüllen könnten.

In der Gegenwart befindet sich die Bratislavaer Burg in einem gewissen Übergangsstadium. Trotzdem einige ihrer Teile nach und nach umgearbeitet werden, bietet sie den Besuchern eine Übersicht ihrer reichen Geschichte und die Besichtigung der Museumsexposition.

Führer durch die Burg

In die Burg kann man von drei Seiten gelangen.

Aus der Altstadt über die engen Gassen über der Donau **durch den Sigmundeintrittsturm,** den komplettesten Bau der Burg aus dem Anfang des zweiten Drittels des 15. Jahrhunderts. Auf Grund der Identität der Steinmetzzeichen ist es sehr wahrscheinlich, dass sich an seinem Bau wenigstens vier Steinmetzen, die aus Budín gekommen waren, beteiligten. Drei von ihnen arbeiteten an der Kirche der heiligen Magdalena und einer am Sigmundsturm der Burg. Zusammen mit noch anderen schufen sie auf der Bratislavaer Burg eine nicht alltägliche Architektur, welche mit ihren bildnerischen Ansprüchen ein Gipfelwerk der erhaltenen mittelalterlichen Burgarchitektur der Slowakei darstellt. Hinter dem Turm befindet sich auf der rechten Seite ein erhaltener Teil des ursprünglichen Zwingers mit Konsolen und Eingang. Links ist ein kleiner Raum, abgeschlossen durch eine Befestigung aus der zweiten Hälfte des 19. Jahrhunderts. Weiter führt der Weg in den Leopoldshof aus dem 17. Jahrhundert, wo zur linken Seite ein Barockhaus in die Bastion eingebaut ist, welches ursprünglich den Offizieren der Burggarde diente. Auf dem Leopoldshof ist ein Teil des gothischen Eintrittsturmes zur Burg aufgedeckt. Aus dem Leopoldshof führt ein Weg aufwärts zum Ehrenhof vor dem Burgpalast.

Ins Areal der Burg kann man auch vom Westen **durch das Wiener Tor** eintreten. Es wurde im Jahre 1712 gelegentlich der Krönung Karls VI. zum ungarischen König erbaut. Zum Unterschied von anderen Gelegenheitsbauten wurde dieses Tor zu einem neuen dauernden Eingang zur Burg. Vom Tor führt der Weg zum Ehrenhof vor dem Palais. Nördlich vom Weg ist die westliche Terrasse der Burg, die gewesene Kanonenstellung, auf welcher im 18. Jahrhundert ein symmetrisches einstöckiges Haus mit drei

Flügeln erbaut wurde, wo die Küchen des Palais waren, die Verwalter und Meister der verschiedenen Professionen wohnten und im Erdgeschoss eine Remise für die Kutschen und auch ein Pferdestall mit Gewölbe war. Das Gebäude ging nach dem Brand im Jahre 1811 zugrunde. Auf dem Weg vom Wiener Tor zum Ehrenhof erhebt sich vor dem Besucher der Kronenturm aus der zweiten Hälfte des 13. Jahrhunderts und die westliche Wand des Palais aus der ersten Hälfte des 15. Jahrhunderts. In der Breite ihrer siebeneinhalb Meter breiten Mauer war ein Durchgangskorridor mit Kanonenstellungen. Die kleinen zugemauerten Schiesscharten sind bis heute auf der Fassade erhalten und über ihnen eine Reihe eingefügter Konsolenteile des Verteidigungssöllers. Auch zwei gothische Fenster unter dem gewesenen Söller gehören zu dem früheren Militärflügel des Palais, welcher im Interieur später ganz umgebaut wurde.

Der dritte Eingang zur Burg führt **durch das kleine Nikolaustor** aus dem 16. Jahrhundert mit der Kirche des heiligen Nikolaus. Vor dem Tor befindet sich ein Rest der Befestigung des gewesenen Suburbiums und darüber, in der Wand der Bastion Luginsland, das gothische Portal, welches im 15. Jahrhundert die Burg mit dem Suburbium durch eine Fallbrücke verband. Aus dem kleinen Nikolaustor führen (im oberen Teil neue) Stiegen auf die untere, östliche Terrasse der Burg. Gleich an den Stiegen ist ein einstöckiges Gebäude aus dem 17. Jahrhundert, welches in der zweiten Hälfte des 18. Jahrhunderts für die Burggarde umgebaut wurde, und auf der anderen Seite der gewesene ebenerdige Barockstall, wo sich heute das Weinrestaurant der Burg befindet. Hinter ihm liegt in der Richtung zur Donau, an der Stelle des gewesenen Barockgartens, ein englischer Park. Am Weg auf die obere östliche Terrasse befindet sich die Burgzisterne aus dem 18. Jahrhundert. Anstatt des hohen gothischen Walls begrenzt die Terrasse seit dem 17. Jahrhundert eine niedere Parapetmauer, welche einen Ausblick auf die westlichen Teile des historischen Zentrums der Stadt bietet. Im Vordergrund zieht sich die Stadtbefestigung mit einer Umzäunung aus dem Anfang des 14- Jahrhunderts mit Türmen. An der Südseite der Befestigung befindet sich die Pfarrkirche des Heiligen Martin, welche vor ihrer Beendigung am Anfang des 15. Jahrhunderts teilweise vor das System des Walls vorgeschoben wurde.

Der barocke Ehrenhof vor dem Palais entstand in der zweiten Hälfte des 18. Jahrhunderts zur Zeit des grossen Umbaus der Burg. Die älteren Eintrittsobjekte wurden damals durch eine Stützmauer und einen hohen Damm überdeckt und bildeten so mit den Siegestoren und Wachstuben, wo heute die Einrichtungen der Dienstleistungen für die Besucher untergebracht sind, einen streng symmetrischen Raum. Der Ehrenhof biete eine schöne Aussicht auf die tiefer liegende Bastionbefestigung, welche seit dem 17. Jahrhundert die Verteidigung der Burg von der Südseite sicherte. In der nächsten Ebene sind gleichzeitig die Umrisse der Naturschönheiten der Mündung des Karpathen-Alpentors zu sehen. Vom Bergmassiv bei Hainburg zieht sich auf der rechten Seite der Donau der uralte Weg, dessen ursprüngliche Route unter der Burg nach dem neuzeitlichen Regulieren der Donau gleichzeitig mit der Insel verschwand. Aus dem Ehrenhof kann man auch die Teile der älteren Bauetappen der Burg am besten sehen. Vor allem an der Ecke den Kronenturm mit den Schiessscharten, ursprünglich mit Zinnen versehen, über welchen der Turm zur Zeit des Palastbaus im 15. Jahrhundert übergebaut wurde. An der Ostseite des Palais wurden in 3 Etagen die Konstruktionen von drei gothischen Fenstern belassen, welche architektonisch zu den bossierten Ecken des Palais gehören. Im Erdgeschoss des Palais, östlich vom Eingang, ist das zugemauerte Eintrittsportal aus dem 16. Jahrhundert zu sehen. Vom Bau der dritten Etage des Palais in der ersten Hälfte des 17. Jahrhunderts zeugt die Ergänzung der gothischen plastischen Bossage durch Sgrafittos an den Ecken und der Überbau der Türme des Palastes. Wandvorsprünge mit einem 3-achsigen Eingang und Balkon stellen die grösste sichtbare Veränderung der Fassade des Palastes beim Barockumbau vor. Gleich hinter dem Eintritt machen uns drei gothische Portale auf den ursprünglichen Bau aufmerksam. Noch ältere Etappen der Existenz der Burg, als am Gipfel des Hügels das ebenerdige Palais in Falztyp (aus dem 12. Jahrhundert) und nach ihm der grosse Wohnturm (aus der Mitte des 13. Jahrhunderts) stand, beweisen ihre Grundrisse, welche in der Pflasterung des Hofes eingezeichnet sind. Der Brunnen mündete ursprünglich in den Hof, im 16. Jahrhundert wurde unterirdisch ein Raum gebaut, in welchem ein Reservoir untergebracht war. Im 18. Jahrhundert endete hier Kempelens Wasserleitung, welche das Wasser vom Donauquai herleitete. Zu diesen Räumen ist heute freier Zutritt. Im Arkadengang, vor dem Eintritt zu der grossen Barocktreppe, befindet sich die Büste des Malers und Nationalpreisträgers Janko Alexy, welcher um die Erneuerung der Bratislavaer Burg aus der Ruine grosse Verdienste erworben hat. Die grosse Treppe als der einzige rekonstruierte Barockraum, führt zu den Expositionen des Slowakischen Nationalmuseums. Im ersten Stock befinden sich im Südflügel des Palais die neu adaptierten Repräsentationsräume der Slowakischen Republik, welche die restaurierten Teile des Burginterieurs aus dem 16. Jahrhundert beherbergen. Im Nordflügel, im Raum der gewesenen Barockkapelle, ist heute der Musiksaal, wo hauptsächlich Orgelkonzerte abgehalten werden.

Östlich vom Ehrenhof befindet sich am Palais die angedeutete Rekonstruktion der entdeckten unteren Teile der Basilika aus dem 9. Jahrhundert, des Turms aus dem 10. Jahrhundert und der Kirche des allerheiligsten Erlösers aus dem 11. Jahrhundert. Unter der Rekonstruktion liegen unterirdisch die konservierten ursprünglichen Mauern. In der Richtung des Palais sind unter der Rasenfläche die Teile des einst über der Erde stehenden Gemäuers des Barockpalais Theresianum, welche später aufgedeckt werden sollen, erhalten.

Auf der anliegenden östlichen Fassade des Palais erweckt die Aufmerksamkeit ein grosses neuzeitliches Fenster, welches das vergoldete, mit Stukkatur und Gemälden geschmückte Renaissance-Interieur, das ursprünglich in den (nicht erhaltenen) Erker überging, beschliesst. Im Berührungspunkt mit den barocken Palastfenstern wurden Teile kleinerer und, höher, grösserer gothischer Fenster, welche die zwei grössten Säle des Palais belichteten, übereinander belassen.

Im Norden öffnet sich uns der Raum der weiten Terrasse mit der vorübergehenden Parkgestaltung. Hier befand sich am Palais auch der grosse barocke Terrassengarten. Ursprünglich berührte auch auf dieser Seite ein breiter, in den Felsen gehauener, Graben, vor welchem ein hoher Wall war, den Palast. Direkt von dort und vom danebenliegenden höheren Terrain waren die grossen Kanonenschiessscharten, welche bis heute im westlichen Teil der gothischen Burgbefestigung erhalten sind, zugänglich.

Im 18. Jahrhundert wurde der Graben zugeschüttet. Am Rande der Terrasse, verbunden mit der gothischen Befestigung, standen im 17. Jahrhundert die Häuser für die Burgdienerschaft. Im 18. Jahrhundert wurde hier ein langes Barockgebäude für die Burggarde erbaut. Nach Adaptationen im 19. und 20. Jahrhundert erhielt es sein heutiges Aussehen. Dort befinden sich die Expositionen des Slowakischen Nationalmuseums und die Burgverwaltung.

Das Slowakische Nationalmuseum auf der Bratislavaer Burg

Die Stellung der Kultur und das gesellschaftliche Leben werden durch die Gegenwart des Slowakischen Nationalmuseums im Areal der Bratislavaer Burg sehr deutlich beeinflusst. Trotzdem des Slowakische Nationalmuseum eines der jüngsten Nationalmuseen in Europa ist, und unter sehr komplizierten und nachteiligen Umständen entstand, reiht seine Kapazität und die Qualität seiner bisher entwickelten Sammlungen, wie auch die Art ihrer Präsentation vor der Öffentlichkeit das Museum, entsprechend dem nationalen, sowie internationalen Kulturmasstab, an eine ehrenvolle Stelle.

Der Grund zu einer professionell angelegten Museumssammlung öffentlichen Charakters wurde im Jahre 1863 in Martin im Rahmen des ersten nationalen Kulturvereins Matica slovenská gelegt. Dank der unermesslichen Opferwilligkeit und der Bemühungen der slowakischen bewussten Patrioten entstand das Museum der Matica. Die Verhältnisse im damaligen Ungarn waren der Entwicklung der slowakischen nationalen Kultur nicht gewogen und die Anhänger der Idee eines Nationalmuseums der Slowakei stiessen an einen verzweifelten Geldmangel und auch an den offenen feindlichen Standpunkt der Budapester Regierung. Dem allen zu Trotz entstand im Jahre 1893 durch den Verdienst von Andreas Kmeť die Slowakische Museumsgesellschaft, welche das alte Projekt eines slowakischen Nationalmuseums ins Leben rief.

Nach dem 1. Weltkrieg wurde logisch die Frage aufgeworfen, wie den Schwerpunkt des slowakischen nationalen Lebens nach Bratislava zu verlegen und gleichzeitig die Tradition des national bewussten Martin aufrechtzuerhalten. Im Jahre 1924 entstand in Bratislava das Slowakische heimatkundliche Museum (Slovenské vlastivedné múzeum). Nach 10

Jahren übersiedelte es unter die schützenden Flügel des Landwirtschaftlichen Museums (Zemědělské museum) in das bekannte monumentale Gebäude am Vajanskýquai, welches heute das Hauptgebäude des Slowakischen Nationalmuseums ist. Seit dem Jahre 1940 war es unter dem neuen Namen „Slowakisches Museum" bekannt. Wichtige historische Wendepunkte in der Entwicklung des Slowakischen Nationalmuseums bilden die Jahre 1948 und 1961. Im Jahre 1948 wurden beide slowakische Museen verstaatlicht und im Jahre 1961 wurden sie auf Grund des Gesetzes des Slowakischen Nationalrates zu der die ganze Slowakei umfassenden zentralen Museumsinstitution – dem Slowakischen Nationalmuseum.

Die Entwicklung des Slowakischen Nationalmuseums war nach dem 2. Weltkrieg aussergewöhnlich lebhaft und dynamisch, was sich sowohl im erhöhten Fachniveau der Museumsmitarbeiter, als auch, und vor allem, in der Sammel- und Ausstellungsaktivität auswirkte. Im Übergang der achtziger und neunziger Jahre enthielten die umfangreichen Sammlungsfonds des Slowakischen Nationalmuseums schon über zweieinhalb Millionen Gegenstände in ihren Sammlungen, von denen die Gegenstände naturwissenschaftlichen Charakters fast vier Fünftel darstellen.

Das Slowakische Nationalmuseum übersiedelte im Jahre 1965 mit seinen zwei Instituten – dem archäologischen und dem historischen – in die Bratislavaer Burg. Diesen Instituten wurden damals im rekonstruierten Palais geräumige Arbeits-, Ausstellungs-, und Depoträume zur Verfügung gestellt. In den siebziger Jahren wurden hier nach und nach moderne archäologische und historische Expositionen gegründet. Im Jahre 1990 riefen die tiefen gesellschaftlichen Veränderungen auch die Notwendigkeit der Umänderung der Ausstellungsräume hervor. Nur die archäologische Exposition „Die Schätze der uralten Vergangenheit der Slowakei" blieb in vollem Ausmass erhalten.

Diese Exposition bekannt unter dem Titel „Klenotnica" (Schatzkammer) ist die attraktivste des Slowakischen Nationalmuseums auf der Burg. Sie bestätigt nicht nur die Vielseitigkeit der jeweiligen Zivilisationswellen und die kulturelle Reife unserer vorslawischen und slawischen Ahnen, aber auch das erfolgreiche Forschen der slowakischen Archäologie. Sie ist das Ergebnis einer langjährigen Sammler- und Forschungstätigkeit des

Archäologischen Instituts der Slowakischen Akademie der Wissenschaften in Nitra und der slowakischen Museen.

Die Idee, auf der Bratislavaer Burg eine Schatzkammer zu gründen und in ihr die grossartigsten und rarsten Erinnerungsgegenstände an die Vergangenheit der Slowakei zu konzentrieren und sie der Öffentlichkeit in einer modernen Auffassung der Exposition zu präsentieren, entstand anfangs der siebziger Jahre. Man musste dabei auch mit der Tatsache rechnen, dass viele wertvolle archäologische Funde im 18. und 19. Jahrhundert aus der Slowakei ins Ausland geraten waren und sie heute die Besucher der Museen in Wien, Budapest, London und Göteborg bewundern. Das Projekt der Schatzkammer wurde in der Mitte der achtziger

70 71 Stilmöbel aus den Sammlungen des Slowakischen Nationalmuseums

Jahre reif. Es gewann die Unterstützung der damaligen slowakischen Regierung. Die Exposition wurde am 28. Oktober 1988, dem 20. Jahrestag der Unterzeichnung des Verfassungsgesetzes der Tschechoslowakischen Föderation, auf der Bratislavaer Burg für das Publikum feierlich eröffnet.

Die Schatzkammer ist in den Räumen des Erdgeschosses und Souterrains des südwestlichen Teils des Burgpalastes untergebracht. In vier Sälen befinden sich rare Gegenstände, welche die bewundernswerten Fähigkeiten der Bewohner unserer Region von den ältesten Zeiten menschlicher Gegenwart im Karpathenbogen bis zum Anfang unserer nationalen Geschichte dokumentieren.

Im Saal A steht eine einzige Vitrine, in ihr befindet sich der wertvollste Fund aus der Urzeit der Slowakei – die kleine Statue einer Frau aus Mammuthorn aus der älteren Steinzeit, welche in Moravany an der Waag, unweit von Piešťany aufgefunden wurde.

In vier Vitrinen des Saals B sind Schmuckstücke und Zahlungsmittel,

72 Blick in die Schatzkammer des Slowakischen Nationalmuseums

welche im Gebiet der Slowakei in der späteren Steinzeit, der Bronzezeit und der älteren Eisenzeit benützt wurden.

Im Saal C befinden sich in drei Vitrinen auf unserem Gebiet aufgefundene Gegenstände aus der römischen Zeit (1.–4. Jahrhundert unserer Zeitrechnung). Das sind hauptsächlich Funde aus den Gräbern reicher germanischer Fürsten, welche unweit der Gemeinde Stráže beerdigt waren (heute Krakovany-Stráže bei Piešťany).

Die Exponate im Saal D stammen aus dem 4.–13. Jahrhundert unserer Zeitrechnung. Vom wissenschaftlichen, künstlerischen, kulturellen, aber auch politischen Standpunkt sind die schönen Erinnerungsgegenstände nach den slawischen Ahnen ausserordentlich wertvoll. Unter ihnen ragt besonders eine breite Skala prächtiger Schmuckstücke aus Gold, Silber, Bronze, Glas, Edelsteinen und Halbedelsteinen hervor. Sie bestätigen die Handfertigkeit und hohe kulturelle Reife der slowienischen Einwohnerschaft und die wichtige Rolle, welche in der Geschichte Mitteleuropas der erste westslawische Staat – das Grossmährische Reich – spielte.

Das Ausstellungsprogramm des Museums stützt sich auf sorgfältig errichtete und aufgearbeitete Sammlungsunterlagen, deren grösserer Teil für das Publikum nicht zugänglich ist. Der ganze dritte Stock des Palais wird der Exposition Geschichte der Slowakei gehören. Die Besucher werden hier die prächtigsten und wertvollsten Sammlungsstücke vorfinden, welche die Entwicklung der Slowakei von der Antike bis zur Gegenwart dokumentieren. Der Kronturm wird dafür den attraktivsten Ausstellungsplatz und gleichzeitig eine anziehende Aussicht bieten. Hier werden die interessantesten Gegenstände der archäologischen Ausgrabungen der Burg ausgestellt werden. Den Ausstellungszwecken wird auch die Arkade im dritten Stock, sowie auch das Souterrain unter dem Ehrenhof (für die zeitlich begrenzten Ausstellungen) dienen.

Die numismatische Sammlung wurde einige Jahrzehnte hindurch aufgebaut und gehört mit ihrem Ausmass und ihrer Qualität zu den grössten Museumsfonds dieser Art in der Slowakei. Eine Garnitur von mehr als 130.000 Gegenständen bietet ein einheitliches Bild über die Entwicklung der Zahlungsmittel und über die Medaillenschöpfung von den ältesten Zeiten bis zur Gegenwart. Unter den Sammlungsstücken von ausserordentlichem Wert befindet sich das bronzene Medaillon der Gattin des römischen Kaisers Marcus Aurelius (in der Welt kennt man nur zwei weitere Exemplare). Beachtenswert ist auch der grösste konzentrierte Fund römischer Silberdenaren aus dem ersten, und der Mitte des zweiten Jahrhunderts unserer Zeitrechnung aus Vyškovce nad Ipľom (der grösste konzentrierte Fund in der ČSFR). In der numismatischen Sammlung des Historischen Museums des Slowakischen Nationalmuseums befinden sich weiter Goldmünzen des Kaisers Nero, von Manlia Scantilla, byzantinische Soliden, Silberdenaren der Herrscher der Arpáddynastie, siebenbürgische Taler, wertvolle Prägungen der Bratislavaer und Kremnitzer Münzerei, ein unikater Doppeltaler Maria Theresias aus dem Jahr 1741, ein Zehnergulden Karls VI. (aus dem Jahre 1715), Renaissance- und Barockmedaillen, Krönungsmedaillen und Jetons und andere Denwürdigkeiten.

Die Sammlung der bildenden und angeandten Kunst enthält über 14.000 Gegenstände. Ihre Grundlage bildete in den zwanziger Jahren ein Teil der Verlassenschaft nach Johann Pálffy – 50 Bilder (zumeist von Barockmalern), über 100 qualitätsgerechte graphische Blätter, Porzellan aus der 1. Hälfte des 18. Jahrhunderts aus renommierten europäischen Werkstätten und Manufakturen, Fayence aus Holíč aus der 2. Hälfte des 18. Jahrhunderts, unikate Uhren und Möbel aus dem 17., 18., 19. Jahrhundert. Einen weitereren bedeutenden Gewinn für diese Sammlung bildete eine grosse Garnitur von Steingut aus Kremnica, Muráň und Holíč, welche Ján Hoffman dem Museum überliess.

Während des Krieges erlitt gerade die Kunstsammlung ernste Schäden. Bei dem Luftangriff der Alliierten auf Bratislava im Jahre 1944 gingen 40 Stück besonders wertvoller historischer Möbel zugrunde. Trotz dieses unersetzbaren Schadens hat das Historische Museum des Slowakischen Nationalmuseums heute in seiner nicht sehr grossen Sammlung von Möbeln auch einige Unikate, z.B. gothische Krichenbänke aus dem 15. Jahrhundert (aus Dravce), Renaissance-Truhen aus dem 16. Jahrhundert (aus der Zips), ein Kabinett im Styl Queen Anne. Ein bewegtes Schicksal hatten auch die unikaten flämischen und deutschen Gobelins aus dem 16. und 17. Jahrhundert.

Wertvoll ist auch die Kollektion historischer Uhren, unter denen auch Erzeugnisse einheimischer Meister zu finden sind. Die ältesten Stücke stammen aus dem 17. Jahrhundert. Der Aufmerksamkeit der Besucher der Bratislavaer Burg erfreut sich auch der neu eröffnete Teil der reichen Sammlung historischen Glases, welcher die Entwicklung der Glaserzeugung in der Slowakei festhält.

Trotzdem das Slowakische Nationalmuseum in Martin ein selbständiges ethnographisches Museum besitzt, errichtete das Bratislavaer Historische Museum eine ziemlich grosse Sammlung von Gegenständen der bildenden und angewandten Volkskunst von hoher Qualität. Unter den Exponaten der angewandten Kunst sind vor allem Kleidungsstücke und ihre Bestandteile, Stickereien, Leintücher, Tischtücher, Handtücher und Spitzen vertreten. Wertvoll ist auch die Sammlung von Keramik, unter der prachtvolle Stücke aus den Werkstätten der Habaner und aus Modra zu finden sind. Den Stolz des Historischen Museums bilden die Glasmalereien – ältere und auch neue – von professionellen Künstlern und auch Amateuren. In der Sammlung der Volkskunst ist das Hirtenleben in der Slowakei sehr plastisch dargestellt (geschnitzte Holzkrüge, Käse- und Butterformen, Stöcke, Schäferäxte und Peitschen). Die reichen Exponate der ethnographischen Sammlung des Historischen Museums des Slowakischen Nationalmuseums gaben die Anregung zum Ausarbeiten des Projektes einer selbständigen Exposition, welche für die Öffentlichkeit zugänglich gemacht werden soll.

Da die Bratislavaer Burg auch der Staatsrepräsentation dient, gewann die Sammlung der Staats- und Nationalsymbole der Slowaken und die Dokumente über die Nationalbewegung von 1848 bis 1918 an Bedeutung. Hier befindet sich eine einzigartige Sammlung von Gegenständen, welche unsere erste Widerstandsbewegung im Ausland und den Kampf um die selbständige Tschechoslowakische Republik dokumentieren. In dieser Kollektion haben M. R. Štefániks Vorschläge für die Fahnen des Tschechoslowakischen Nationalrats und der Tschechoslowakischen Republik einen unikaten Wert. Hier sind auch Uniformen der Legionäre aus dem 1. Weltkrieg und Litographien, welche die Gründung der ČSR begrüssen, untergebracht.

Im Februar 1991 entstand aus der gewesenen Musikabteilung des Historischen Museums des Slowakischen Nationalmuseums ein selbständiges Museum für Musik, welches vorläufig regelmässige Ausstellungen im Schloss von Dolná Krupá (bei Trnava) veranstaltet. Es besitzt eine verhältnismässig reiche Sammlung, welche einige attraktive Gegenstände und Dokumente enthält. Dies kann man von den Musikinstrumenten (zusammen 2 300 Stück) behaupten, unter denen sich Saiteninstrumente aus den Werkstätten der Bratislavaer Meister aus den Familien Leeb und Thir befinden. Die grosse Sammlung von Archivdokumenten und Partituren (ungefähr 100 000 Stück) zeugen vom einst regen Musikleben in der Slowakei und seinen Kontakten mit der europäischen Musik. In der Sammlung werden bisher unbekannte oder zu Unrecht vergessene Kompositionen und unbekannte Komponisten entdeckt. Das Museum für Musik hat sich vorgenommen allmählich ihre Werke aufzuführen, unter anderem auch in den vorgesehenen eigenen Ausstellungsräumen auf der Bratislavaer Burg.

Die Mitarbeiter des Slowakischen Nationalmuseums bereiten für die Öffentlichkeit Kulturprogramme in den Ausstellungsräumen, aber auch im neugegründeten Libresso „Historia" vor. Ausserdem leisten die Mitarbeiter des Museums Fachdienste, z.B. Führungen durch die Expositionen und Ausstellungen für in- und ausländische Besucher, Beratungsdienst, und stellen auch Bewilligungen zur Ausfuhr von Kunstgegenständen und Antiquitäten aus. Die Ausstellungsräume und Arbeitsplätze für Wissenschaft und Forschung des Slowakischen Nationalmuseums auf der Bratislavaer Burg besuchen oft Mitarbeiter des Fernsehens, Films und der Theater, welche hier Inspiration und Material zur Propagation der slowakischen Kultur und für ihre eigene Schöpfung suchen.

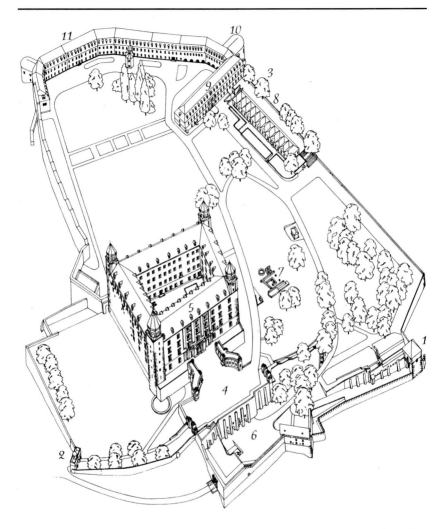

73 Die Bratislavaer Burg – gegenwärtiger Zustand: 1 – Sigmundtor, 2 – Wiener Tor, 3 – Nikolaustor, 4 – Ehrenhof, 5 – Palais, 6 – Leopoldhof mit Bastionen, 7 – Situation der frühmittelalterlichen Sakralbauten, 8 – Weinrestaurant der Burg, 9 – Objekt des Slowakischen Nationalrats, 10 – die Bastei Luginsland, 11 – Gebäude auf den südlichen Wällen

LITERATURVERZEICHNIS

MENCL, V. – MENCLOVÁ, D.: Bratislava, stavební obraz města a hradu. Praha 1936.
MENCLOVÁ, D.: Hrad Bratislava. Bratislava 1938.
RATKOŠ, P. – POLLA, B. – LICHNER, J. – ŠTEFANOVIČOVÁ, T.: Bratislavský hrad. Bratislava 1960.
ŠTEFANOVIČOVÁ, T. – FIALA, A.: Stavebný vývoj Bratislavského hradu od 11. do 13. storočia. In: Historica, zborník FFUK, Bratislava 1965.
FIALA, A.: Gotická architektúra Bratislavského hradu. In: Historica – zborník FFUK, Bratislava 1969.
ZÁVADOVÁ, K.: Verný a pravý obraz slovenských miest a hradov, ako ich znázornili rytci a ilustrátori 16., 17. a 18. storočia. Bratislava 1974.
ŠTEFANOVIČOVÁ, T.: Bratislavský hrad v 9.–12. storočí. Bratislava 1975.
KOCHATZKY, W.: Maria Theresia und ihre Zeit. Salzburg – Wien 1979. 2. Auflage 1980.
KOCHATZKY, W. – KRASA, S.: Herzog Albert von Sachsen-Teschen. Reichsfeldmarschall und Kunstmäzen. Wien 1982.
ŠÁŠKY, L.: Bratislavské rokoko. Bratislava 1982.
ORSÁG, J.: Výstroj a výzbroj na Bratislavskom hrade podľa inventárov militárií z prelomu 16. a 17. storočia. In: Zborník SNM, História 29, 1989, s. 159 a nasl.
TIBENSKÝ, Š. a kol.: Bratislava Mateja Bela. Bratislava 1984.
RUSINA, I.: Renesančná a baroková plastika v Bratislave. Bratislava 1983.
HOLČÍK, Š.: Korunovačné slávnosti (Bratislava) 1563–1830. Bratislava 1986.
ŠPIESZ, A.: Bratislava v 18. storočí. Bratislava 1988.
KRESÁK, F.: Manieristická výzdoba interiérov Bratislavského hradu. Problémy umenia 16. až 18. storočia. Zborník referátov zo sympózia. Umenovedný ústav SAV, Bratislava 1987.
KRESÁK, F.: Úvahy o renesancii na Slovensku, najmä o architektúre. ARS 1/1988, s. 21 a nasl.
ŠULCOVÁ, J.: Palác Bratislavského hradu na sklonku renesancie. (K stavebnej a funkčnej podobe paláca na podklade inventárov z prelomu 16.–17. storočia.) In: Zborník SNM, História 32, 1991.

ABBILDUNGEN

Photographien

Thea Leixnerová: Vorderseite des Umschlags, 1, 7, 8, 10, 12, 13, 15, 16, 18 (Wappen), 20, 21, 27, 28, 29, 30, 33, 39, 40, 41, 45, 46, 47, 52, 55, 62, 63, 67, 68, 69, 70, 71
Oľga Šilingerová: 2, 19
Hilda Môťovská: 5, 18, 31, 49, 66
Ladislav Sternmüller: 23, 50, 61
Mikuláš Červeňanský: 32, 59, Rückseite des Umschlags
Elena Šišková: 44, 53, 54
Vladimír Gloss: 72

Pläne

Ing. arch. Andrej Fiala: 3, 6, 9, 11, 14, 17
Ing. arch. Andrej Semanko: 4, 17, 25, 26, 34, 64, 73

Abbildungen veröffentlicht mit der liebenswürdigen Zustimmung von

Galéria mesta Bratislavy: 23, 24, 61
Generallandesarchiv Karlsruhe: 38
Graphische Sammlung Albertina Wien: 42, 48, 51
Österreichisches Staatsarchiv, Kriegsarchiv Wien: 34, 35
Slovenské národné múzeum, Múzeum Bojnice: 41
Slovenské národné múzeum, Múzeum Antol: 45
Szépmüvészeti Múzeum Budapest: 56, 57, 58

DENKMALAMT BRATISLAVA
Cesta na Červený most 6, 811 04 Bratislava, Slowakische republik
tel:42/7/37 44 44, 37 58 76, 37 47 51, fax:42/7/ 37 58 44

*bietet freie Kapazitäten der Restaurierungsarbeiten
in seinen Fachrestaurierungsatelieren mit folgender Orientierung an:*

Regionaler Restaurierungsatelier Bratislava
Stein, Wandmalerei, Stuckwerk, polychromierte Holzplastik, Hängebild, Metall
adresse: Pamiatkový ústav, ORA Bratislava
Cesta na Červený most 6, 811 04 Bratislava, Slowakische Republik, tel:42/7/37 12 77

Regionaler Restaurierungsatelier Banská Bystrica
Stein, Steinplastik, Stuckwerk, Metall, polychromierte Holzplastik, historisches Möbel
adresse: Pamiatkový ústav, ORA Banská Bystrica
Mičinská cesta 1, 974 01 Banská Bystrica, Slowakische Republik, tel:42/88/74 40 07,
fax::42/88/74 46 96

Regionaler RestaurierungsatelierLevoča
**Stein, Wandmalerei,Stuckwerk, polychromierte Holzplastik, Hängebild,
Kunsthandwerkarbeiten im Holz, historisches Möbel**
adresse:Pamiatkový ústav, ORA Levoča
Klátorská 23, 054 01 Levoča, Slowakische Republik, tel:42 /966/28 19, fax:42/966/44 84

Weiters bieten wir die Arbeiten an:

von der chemisch - technologischen Abteilung an:
**physikalisch-chemische Erforschungen, Analysen und technologische Entwürfe vom
Stein,
der polychromierten Holzplastik, dem Hangebild, vom Holz, Verpuz und Stuckwerk,
RTG - Bilder, Mikrofotographie**
adresse:Pamiatkový ústav, Chemicko-technologické oddelenie
Leškova 17, 811 04 Bratislava, Slowakische Republik, tel:42 /7/49 56 03

von der Abteilung der graphischen Dokumentation:
**Vermessung und Detailaufzeichnungen von Denkmalobjekten, graphische
Dokumentation von Außen und Innenelementen, graphische Dokumentation der
kunsthistorischen, restauratorischen, architektorischen und archäologischen
Forschungen, graphische Rekonstruktionen von vermessen Objekten, Ausarbeiten der
Erzeugungsdokumentation.**
adresse:Pamiatkový ústav, OGD
Cesta na Červený most 6, 811 04 Bratislava, Slowakische republik
tel:42/7/37 44 44, 37 58 76, 37 47 51, fax:42/7/ 37 58 44